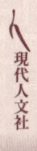

市民が広げる議会公開

傍聴を閉ざす議会とメディアの欺瞞

編著
田島泰彦〈上智大学教授〉
北村　肇〈『週刊金曜日』編集長〉
今井　一〈ジャーナリスト〉

現代人文社

市民が広げる議会公開

傍聴を閉ざす議会とメディアの欺瞞

●まえがき

　情報公開条例，路上喫煙禁止条例，国民健康保険条例，介護保険条例，議会議員定数条例等々，地方公共団体（自治体）が法令の範囲内で制定する法のことを条例と言います。

　いずれも，私たちの自治や暮らしに密接にかかわるものばかりですが，条例はすべて各自治体の議会の議決によって制定されます。そして，その議会を構成する議員が手にする報酬の額や政務調査費の額もまた条例によって定められており，例えば，東京都＝月額106万円／60万円，大阪市＝月額102万円／60万円，帯広市＝月額47万円／3万円，矢祭町＝日当制3万円／0円となっています。

　月額60万円もの政務調査費を受け取りながら，「新銀行東京」の乱脈経営を許した都議会議員，破綻して当然の第3セクター事業に賛成した大阪市会議員たちは，60万円も使っていったいどんな調査をしていたのかと首を傾げたくなります。「議員の政務調査費は月額数万円で十分」——もしそう考える住民が多いのなら，主権者として直接請求権を行使し，当該条例の改変を首長に求めることができます（地方自治法74条）。

　さて，このような条例の制定・改変の是非，あるいはその中身に関する実質的な審議は，本会議ではなく議会の各委員会においてなされます。それは，法律を制定・改廃する際の国会での在りようと同じこと。したがって，この委員会での議員，市長，担当部局の発言及び彼らのやり取りをチェックすることが肝要で，主権者の行政監視・議会監視の基本となります。

　そうしたことから，近年，本会議のみならず委員会を傍聴する人たちが増えつつあり，中にはグループを作って傍聴運動を展開している人たちも現れています。このような活動が議員や首長，職員に与える影響力は少なくなく，まちの政治や行政を，不正のない住民にわかりやすいものにしていく力となっています。

　ところが，自治体の中には，住民の委員会傍聴を徹底して拒んでいるとこ

ろもあるのです．カラ残業，ヤミ専従，裏金，中抜け，嘘の忌引きと違法行為のデパートとなっている大阪市や京都市などがそうで，どうやら，議会の「傍聴拒否」と自治体の腐敗は無関係ではないようです．

　加えて，指摘しておきたいのは，新聞，テレビなどのメディアがそうした議会による「市民締め出し」を厳しく批判するのではなく，実質的にその片棒を担いでいるという現状です．委員会傍聴の問題を通して「主権者の知る権利」に対するメディアの欺瞞が炙り出されました．

＊

　このような実態に異議を唱え，改善を図るべく 1 人のジャーナリストが裁判を起しました．この本では，その経過や訴訟対象となった事実を具体的に紹介しつつ，憲法や市民自治の観点からどう考えるべきか，いかなる状態が望ましいのかについて，立場を異にする 8 人が語っています．

　私たちはすべての主権者にこの本を読んでいただきたいと思っていますが，とりわけ，首長・議員や自治体職員，市民運動に関わっている方々，法律や裁判，市民自治を学んでいる方々，あるいは，記者クラブ制度に関心を持っている人やメディア関係者に手にとっていただきたいと，考えています．

2008 年 5 月

編著者一同

プロローグ
傍聴拒否裁判
なぜ裁判を起こしたのか
.... 今井 一（ジャーナリスト） 1

第1部 市民自治（国民主権）と会議公開

第1章
住民の委員会傍聴は、自由かつ率直な審議を阻害するのか
.... 山下 真（奈良県生駒市長） 14

第2章
議会傍聴なんてしたくない
.... 松浦米子（市民グループ「見張り番」代表世話人） 21

第3章
議会公開の徹底──委員会の公開に向けて
.... 田島泰彦（上智大学教授） 33

第4章
各自治体の委員会傍聴の実態
.... 今井 一 49

第5章
議会は誰のもの
.... 上原公子（元国立市長） 57

第2部 会議公開と記者クラブ

第6章
委員会傍聴に関する公開質問状とその回答
.... 今井 一 66
1 報道各社あて公開質問状①................................ 66
2 報道各社あて公開質問状②................................ 74
3 大阪市長あての公開質問................................ 93

第7章
企業ジャーナリストの堕落
…………………… 北村 肇（『週刊金曜日』編集長）　**99**

第8章
「記者クラブ的なるもの」の害毒
── 日本では「ジャーナリスト」という職業がなぜ根付かないのか
…………………… 林 香里（東京大学准教授）　**110**

第9章
記者クラブはテレビ局の生命線である
…………………… 浮田 哲（テレビディレクター）　**121**

第3部 大阪市会の委員会傍聴拒否を糾す裁判

第10章
委員会傍聴拒否裁判の争点と意義
…………………… 折田泰宏（弁護士）　**132**

第11章
委員会傍聴拒否裁判の経過
…………………… 角谷洋一郎（弁護士）　**148**

資　料
大阪地方裁判所平成19年2月16日判決要旨………　**160**
大阪市政記者クラブ規約……………………　**165**
執筆者プロフィール……………………………　**166**

プロローグ
傍聴拒否裁判
なぜ裁判を起こしたのか

今井　一　ジャーナリスト

1　傍聴拒否の事実経過

　「カラ残業」「ヤミ専従」「ヤミ年金」「非常識な職員厚遇」等々，大阪市と労働組合，一部職員が一体となって続けてきた違法，不当な行為の実態が，2004年〜2005年にかけ，市民グループなどの調査によって次々と暴かれた。この頃，市民の政治参加，行政監視に関する本を書き進めていた私は，大阪市のこうした問題も章立ての中に盛り込もうと考え，2005年に入ってから取材を開始。乱脈極まるこの自治体では，いったい議会においてどのような審議がなされているのか。それを直接見聞きしようと，3月議会の委員会傍聴に出かけることにした。

　だがその矢先，友人から「大阪市議会（正式名称は大阪市会）の場合，委員会傍聴は本会議とは異なり，市政記者クラブに所属する者しか許可されていない」と聞かされる。つまり，同クラブに属さないジャーナリストのみならず主権者である大阪市民も傍聴できないというのだ。

　そんな馬鹿な話があるのかと，2005年3月3日の午後に大阪市役所市長室広報報道部へ足を運んだ。そして，報道課長（当時）の奥田清重氏に対して「東京から来たメディアの記者など，市政記者クラブに所属していないジャーナリストが委員会傍聴を申し入れても，この広報報道部がだめだと言って

拒んでいると聞いた。記者クラブ所属の者しか委員会傍聴ができないというのはなぜなのか」と問い質した。

奥田氏は「条例の定めによってできないんです」と回答。

では、そうした規定が記されている条例をここで示してほしいと言うと、数分後、議事課の若い職員がその場にやってきた。そして、私と奥田氏の目の前で大阪市会委員会条例の第12条（**資料Ａ**）を示し「委員会は、議員のほか傍聴を許さない。但し、報道の任務にあたる者その他の者で委員長の許可を得たものについては、この限りではない」という規定を読み上げた。

【資料Ａ】大阪市会委員会条例第12条

> （傍聴及び秘密会）
> 　第12条　委員会は、議員のほか傍聴を許さない。但し、報道の任務にあたる者その他の者で委員長の許可を得たものについては、この限りでない。
> 　2　委員会は、その決議により秘密会とすることができる。
> 　3　委員長は、秩序保持のため、傍聴人の退場を命ずることができる。

私が、「要するに委員長の許可を得たらいいわけでしょ。クラブの記者以外はだめとはどこにも記されてないじゃないか」と言うと、奥田氏は若い職員に「条例にそういう規定はなかったか？」と訊ねる。職員は「条例にはありません」と返す。「ええっ」と唸り声を上げる奥田氏。

「すみません。私の勘違いでした。そしたら、手続きをして委員会に入ってください」。彼はそう謝罪し、「具体的な手続きの方法は議事課の職員に説明させます」と言った。

すぐさま議事課へ行くと、「この件について詳しい者が現在開会中の委員会に出席しているので、一時間後に改めて来てほしい」とのこと。言われたとおりに再訪すると、議事課長（当時）の中喜多孝之氏が対応した。彼は、「先例集」なるものを開いてその第8節［傍聴及び委員会記録等］を私に示し、「委員会は、議員のほか報道の任務に当たる者のうち、市政記者クラブ所属の報道関係者の傍聴を許可している」という規定（**資料Ｂ**）があるので

【資料B】「先例集」314

第8節　傍聴及び委員会記録等

314　委員会は，市政記者の傍聴を許可する。（条12①）

　委員会は，議員のほか報道の任務に当たる者のうち，市政記者クラブ所属の報道関係者の傍聴を許可している。
　昭和42年10月16日の各派幹事長会議の決定により，機関紙の報道関係者の傍聴は認めていない。
　なお，市政記者から写真撮影の申し出があるときは，委員会に諮り許可するのが例である。

傍聴していただけない」と説明した。
　私は，「『先例集』というのは条例と違い法的拘束力がない。そんなものに記してあることを根拠に拒否されても納得できない。可か不可かは委員長が決めることであり，議事課長のあなたが委員長に伝えることもなく私に不可と通告するのはおかしい。委員会条例の第12条に基づき，私は委員長に傍聴許可を求める」と述べた。
　すると，中喜多課長は「たとえ要請されても許可されませんよ」と断言した。私は「正当な理由もなく傍聴を拒んだら訴訟を起こす」と言って退室した。
　その直後，市役所の議会事務局に電話をかけ「民主・民友」議員控え室の村尾しげ子財政総務委員会委員長（当時）につないでほしい旨求めたが，すでに帰途に就いたという返事だった。そのため，傍聴許可を求める文書を，その日の夜に村尾氏の個人事務所宛てに，翌日の午前には「民主・民友」議員控え室にFAX送信した。
　翌4日夕刻，村尾委員長よりFAXにて私の自宅宛に，各派代表者会議で協議の上3月7日17時までに委員長として回答する旨の回答が届いた。そし

て3月7日，同委員長より私の自宅宛に「傍聴を許可しない」旨の回答（資料C）がFAXで送られてきた。

　こうした経過をたどった後，このような実態を正すべく，私は損害賠償請求訴訟を起こすことを決断したのだが，村尾しげ子氏ら市議会議員が大阪市の特別公務員という身分にあるため大阪市を相手取ることになった。

　この訴訟を起こした理由は，ジャーナリストという自らの職業上の権利である「取材の自由，報道の自由」を確保するためにほかならない。ただし，私はこのほかに裁判を通し以下の3点に関して問題提起をしたいと考えている。

　［1］主権者である市民や（市政記者クラブに属さない）ジャーナリストの委員会傍聴を不許可とすることは，市民自治や憲法上の知る権利・報道の自由を侵している。それは，市民やジャーナリストによる行政および議会への監視を妨げるものであり，政治・行政の腐敗をもたらすことになる。

　［2］大阪市議会は上記の事実を認め，自ら進んで実態を改めるべきではないか。また，大阪市長は，運用変更を市議会に強く申し入れるなど，市民の代表として改善に努めるべきではないか。

　［3］大阪市政記者クラブ所属の記者しか傍聴を認めないという悪しき慣習について，クラブ加盟の新聞・テレビなどメディア各社はこれを黙認しているが，悪弊是正のために自ら行動を起こすべきではないか。

2　私が委員会傍聴を拒まれる正当な理由はない

　このように，大阪市議会の委員会においては「市政記者クラブ所属の報道関係者」の傍聴を許可しながら，私のようなフリーランスのジャーナリストや例えば『週刊文春』『週刊金曜日』といった雑誌の記者，あるいは『フジテレビ』『テレビ朝日』などに所属する記者であっても大阪市政記者クラブに所属していない者については，傍聴を認めていない。

　その根拠として，大阪市の議会事務局が私に示したのは「条例」ではなく「例規集」（先例集）だった。彼らが根拠とするものが条例であれば，これは当該自治体にのみ適用される成文法であるのだから，私はその規定に従いつつその改変を求める直接請求を行うが，法的拘束力のない先例集を持ち出し

【資料C】

　　今井　一　様

　貴殿からの傍聴申請に対し、財政総務委員会各派代表者会議での協議を受けて、委員長として次のとおり回答します。
　大阪市会委員会条例第12条第1項では、「委員会は、議員のほか傍聴を許さない。但し、報道の任務にあたる者その他の者で委員長の許可を得たものについては、この限りでない。」と規定されていますが、従前から委員会室での傍聴は市政記者に許可することが先例となっています。
　なお、本市会では、委員会室が手狭で傍聴スペースが十分に確保できないことから、別途、本庁舎内においてモニター放映を実施して、委員会の公開に努めており、3月14日の本委員会につきましても、本庁舎P1階の傍聴者控室でモニター放映が実施されます。
　本件に対する各派の意向は賛否両論ありましたが、従前どおりの取扱いとする意向が多数でした。
　したがって、委員長としては多数の意向を踏まえ、許可しないことと判断し、この旨回答します。
　ご理解いただきますようお願い申しあげます。

　　平成17年3月7日
　　午後3時30分

　　　　　　　　　　　　　大阪市会財政総務委員長
　　　　　　　　　　　　　　村尾しげ子

て不当な内容を示し、黙ってこれに従えと言われても「はい、わかりました」というわけにはいかない。先例集「第8節　傍聴及び委員会記録等314」は過去の悪しき慣例を文書化したものにすぎず、大阪市議会はその慣例が誤りであるということを認識し、ただちにこうした悪弊を是正すべきだ。
　そもそもこの数年の間、衆目に晒され全国的な話題となった「カラ残業」「ヤミ専従」「裏金」など市当局と労組、一部職員が結託して続けている不法

な所業は，ほぼすべて，それにかかわった者たちにとってはいわゆる慣習・慣例というものであり，彼らは当たり前のように罪を重ねてきた。

　記者クラブ以外の人間を締め出す委員会傍聴に関する慣例も，審議の透明度を高めたくない市当局・議会側にとっては捨て難いしきたりだが，会議公開と市民自治の観点からすればそれが誤っていることは容易に理解できることであり，大阪市議会は悪弊としかいいようがない慣例に終止符を打ち，市民の行政監視・政治参加を促進する姿勢への転換をはかるべきだ。

3　マスメディアの欺瞞と傲慢

　こうした悪弊を正すために，私は市当局や議会のみならず，クラブの記者や彼らが所属する社の編集局，報道局に対しても働きかけた。まず，委員会から「傍聴不可」の回答を受け取った翌々日，市庁舎内にある記者クラブへ行き，
　「主権者が傍聴できず，貴殿たちしか傍聴できない現在の在りようについて，貴会がどのようにお考えになっているのでしょうか」
と記した松浦米子氏との連名による公開質問状を幹事社（当時は「共同通信」）の木倉大輔記者に手渡し，文書で回答するよう求めた。
　翌朝，木倉氏より私の自宅に電話があった。
　「昨日，質問状をいただきましたが文書回答はしませんので」（木倉氏）
　「なぜですか？」
　「義務はないでしょう」（木倉氏）
　「じゃあ，口頭でどうぞ」
　「記者クラブに属していなくても，モニターで傍聴することができます」（木倉氏）
　「それでは回答になっていない」
　「回答しています」（木倉氏）
　「私は，あなた方しか傍聴できないことについてどう考えているのかを問うている。文書できちんと回答していただきたい」
　「文書回答はしません。とにかく，これが回答ですので」

記者クラブのこうした対応に納得できず，1週間後，クラブに所属する23社の編集局長，報道局長など報道セクションの責任者宛に，上記のやり取りを示した上で下記のような公開質問状を送付した。

　「貴殿らは，情報公開の必要性や主権者の知る権利の大切さを事ある毎に説き，市当局，議会，労組の『悪しき先例や慣例』について厳しく指弾しています。にもかかわらず，市政記者クラブ所属の記者のみ傍聴が認められ大阪市の主権者は傍聴を許可されないという悪しき先例については，自ら進んでこれを正すどころか，その事実をまったく報じず，私たち主権者からの質問にも答えようとしません。それでいいとお考えなのでしょうか？」（第2部第6章で，私たちが差し出した公開質問状と各社からの回答を全文掲載している）。

　この公開質問状に対して10社から回答が届いたが「毎日放送」「関西テレビ」など13社は回答してこなかったし，回答しない理由も示さなかった。つまり，「知らぬ顔」を決め込んでいる。「毎日」「関テレ」両放送局とも阪神大震災や大阪市の不正・腐敗などでは良質な仕事を重ねているのに，自らの姿勢が問われるこの件については，きわめて不誠実な態度をとり続けている。それが残念でならない。志のある人々が声をあげ，社の姿勢を正されることを期待したい。
　10社から頂戴した回答の内容だが，そのほとんどはこちらの質問にまともに答えていなかった。例えば，『毎日新聞』大阪本社編集局長の伊藤芳明氏（＝現東京本社編集局長）からの回答はこうだ。
　「大阪市議会の委員会審議などは，広く市民に情報を公開するのが原則と考えます。より開かれた市議会（委員会）であるべきなのは異論のないところで，毎日新聞社が委員会に対し，市政記者加盟社以外を排除するよう働きかけたことはありません。」
　これで終わり，これが彼の回答のすべてだ。
　私は，記者クラブに所属している者しか傍聴できないという事実についてどう考えるのか，この悪弊を進んで正そうという意思はないのかと問うているのに，伊藤氏はそれには答えず，自分たちが市民らを排除するよう働きか

けたことはないという返し。

　こういう回答をよこす人がトップに立つ報道機関に,「情報公開の必要性」や「主権者の知る権利の大切さ」を説く資格はない。

　そんな回答ばかりが目に付く中で,朝日放送及び朝日新聞の回答は,委員会傍聴の現状を批判し,速やかに是正されなければならない旨の内容になっていた。だが,その後両社を含む各社がこの件で悪弊是正のための具体的な動き(大阪市議会や記者クラブに対して)を見せることは一切なかった。

　そこで,2006年1月,私は市政記者クラブ宛に「委員会傍聴のあるべき姿について議会に提言すべく,大阪市民や私のようなクラブに所属しないジャーナリスト,そして貴殿らが一堂に会し,じっくりと懇談する場を設けませんか」と記した文書を差し出した。しかしながら,この提案もあっさりと拒まれた。

　つまり,各社ともこうした訴訟が起こされ,質問状を通して自分たちの姿勢が問われた後も,ずっと知らん顔を通しているということだ。彼らは,自社の社員にのみ委員会傍聴が認められている現状を実際はどう考えているのだろうか。もし非常識だと考えるのなら,社名あるいは記者クラブ名で,委員会傍聴に関する悪弊を廃せという「声名」を発し,議会や市当局に突きつけるなど具体的に取り組むべきではないか。

　そうした行動をとらない限り,彼らは,私たちを排除する議会や市当局の「共犯者」でしかない。排除しろと自分から働きかけたのではないから関係ないなどという伊藤芳明氏のような言い訳は通用しない。

　今からでも遅くはない。悪弊を断ち切るべく,各社が速やかに行動を起こすことを強く求めたい。

4　徹底した情報公開を唱える市長だが

　この裁判を起こしたときの大阪市長は關 淳一氏。彼は,財政建て直しのためとして大幅な職員削減を実行するなど,彼が考えるところの「市政改革」を進めていたが,カラ残業や裏金といった不正は相変わらず続いていた。

　2007年の選挙においてその關氏を破り市長の職に就いたのが,毎日放送元アナウンサーの平松邦夫氏だ。かつて報道番組のキャスターを務めていた彼

▲市政改革特別委員会の会議場。着席しているのは，市長以下の理事者（行政）側の人々。右手の空席のところに委員会に所属する議員らが着席する。
なぜ議員着席後の委員会を撮影しなかったのか。それを説明しておく。私は，委員会に対して会議冒頭の撮影許可を申請したが，彼らは「市政記者クラブに所属する者以外の取材は許可しない」と，冒頭撮影さえ拒んだ。ということで，この写真は議員が入室する委員会開会の直前に撮影したものだ。

は，選挙戦で有権者に向け「徹底した情報公開」や「住民投票制度の導入」によって市民参加を促進したいと訴えた。そして当選。ならば，当然「傍聴拒否」には異議を唱え，実態改善に努めなければおかしい。と同時に，この裁判の原告である私の主張を受けて市の非を認め，これまで裁判において行なってきた大阪市の不当な主張を撤回すべきではないか。

2008年2月，私は，田島泰彦，折田泰宏，松浦米子各氏らこの本の執筆者と連名で，平松市長宛てに「公開質問状」を差し出し，市長から回答をもらった（第2部第6章で，私たちが差し出した公開質問状と平松市長の回答を全文掲載している）。

第2部第6章に掲載したその回答を読んでいただければわかるが，平松市長には，市民やジャーナリストの権利が侵されているという認識がまるでない。したがって，そのような実態を改めるべく市長として努める意思もない。

プロローグ／傍聴拒否裁判　なぜ裁判を起こしたのか　9

5　本書の刊行の意義

　市民や多くのジャーナリストの委員会傍聴を歓迎するのではなく，正当な理由もなくこれを拒む大阪市の姿勢は，不正にまみれた自治体の非公開性をよく物語っている。

　また，常日頃，読者や視聴者に「政治参加，行政監視の大切さ」を説き「報道の自由の重要性」を訴えながら，自らが当事者となっているこうした悪しき慣例を追認するマスメディアの欺瞞もまた炙り出された。

　このような実態を自身の体験も交えて把握しながら，私自身が声を上げ行動しないとしたら，それは紛（まが）い物のジャーナリストに成り下がるということ。私はさまざまな手段によって市民自治の確保やジャーナリズムの道理というものを訴えていく。

　この本の企画もそうした行動の一環であり，メディアに関わる人をはじめ多くの人々に実態を知らせ，何が問題なのかをきちんと伝えるための出版にほかならない。とはいえ，私一人で著すのではなく，立場を異にする者がさまざまな角度から上記の実態について考察すべき事柄を提起し，読者に問題の本質をつかみとっていただこうと考えた。

　第1部では，「市民自治（国民主権）と会議公開」という観点から4人の執筆者が語る。

　当初弁護士としてこの裁判の原告代理人を務め，現在は奈良県生駒市長の職にある山下真氏。そして，市民派市長として全国に名を馳せた前東京都国立市長の上原公子氏。二人は共に首長経験者という立場から委員会傍聴の効用とその意義について語る。

　「市民グループ見張り番」の代表世話人で「大阪24区の会」共同代表の松浦米子氏は，大阪市において不正に使われた税金を，さまざまな監査請求，住民訴訟によって返還させている（総額15億円にのぼる）。松浦氏は，24区の会が議会に提出した委員会傍聴に関する要望書とその回答を紹介しつつ，公開性・透明性の低い大阪市の体質とこれまでに露呈した乱脈について語る。

　そして，上智大学新聞学科教授の田島泰彦氏は，憲法・メディア法の専門

家として，大阪地裁が示した判決理由を批判しつつ，この「傍聴拒否」問題を憲法上どうとらえるべきか，ジャーナリズムの役割はいかにあるべきかについて論述する。

　第2部では，「会議公開と記者クラブ」という視点からこの問題を考える。
　はじめに，大阪市政記者クラブ所属の新聞・放送各社宛の公開質問状とその回答，及び平松邦夫大阪市長宛ての公開質問状とその回答を紹介する。
　そのあと，悪しき慣例を追認して事実上大阪市議会の「共犯者」となっている記者クラブとその加盟社の問題点について指摘したい。この部は，かつて大手メディアに所属していた3人が執筆する。
　北村肇氏は『毎日新聞』の記者，『サンデー毎日』編集長を経て，現在は『週刊金曜日』の編集長を務めている。彼は，企業に所属するジャーナリストの「立ち位置のズレ」が根本的な問題であり，事態は深刻だと指摘する。
　林香里氏は『ロイター通信』の記者として東京支局で3年間勤務。その後，ドイツのバンベルク大学客員研究員を経て，現在，東京大学で准教授として「マスメディア」，「ジャーナリズム」の研究をしている。彼女はロイター時代の体験などを交えながら，日本特有の「記者クラブなるもの」がもたらす弊害について語る。
　浮田哲氏は，毎日放送を退社した後自ら制作会社を設立し，ニュース番組の特集やドキュメンタリー番組などを制作。テレビディレクターとして手がけたテーマは，「自衛隊」，「戦後補償」から「発酵食品」，「ジーコジャパン」まで多岐にわたっている。彼は，放送局が「記者クラブ制度」を保持し続けようとする理由を明快に解説する。
　最後の第3部では，「この裁判の経過と意義。憲法上の争点と行政法上の争点」について，原告である私の代理人を務める2人の弁護士，折田泰宏氏と角谷洋一郎氏が専門的に解説する。
　この本は，以上紹介した人々の共著として刊行される。これが書店に並ぶ頃，最高裁は判決を下す準備にとりかかっているだろう。私は逆転勝訴を期待しているが，たとえ敗訴に終わったとしても，引き続き大阪市や「共犯」メディアへの批判を重ねていく。なぜなら，道理は私たちにあるからで，それはこの本を読めばわかっていただけると確信している。　（いまい・はじめ）

第1部

市民自治(国民主権)と会議公開

第1章
住民の委員会傍聴は，自由かつ率直な審議を阻害するのか

山下　真　奈良県生駒市長

1　はじめに

　私は現在，奈良県生駒市の市長を務めている。2006年1月の市長選挙で，政党が相乗りし200以上の団体が推薦した4期目を狙う現職市長を，政党や団体の支援をまったく受けない私がダブルスコアで破って当選した。それが大方の予想に反したことと，当選当時，私が全国で最年少の市長だったということで報道機関が大きく取り上げ，人々の関心を呼んだ。
　市長就任後は，前市長の与党が多数を占めていた市議会と市政運営をめぐって意見が合わず，議案が否決されることも度々あった。その市議会に対し大きな影響力を持っていたのが当時の市議会議長・酒井隆であり，報道機関が「市長と議長の対立」という構図で報道したことによりこれもまた話題となった。
　2007年4月の市議会議員選挙の直前，前市長と議長が関与した背任・収賄事件に大阪地検特捜部の強制捜査が入った。酒井議長は市議選で当選したものの，投票日の投票時間終了直後に大阪地検特捜部に逮捕された。その後，前市長・中本幸一も逮捕され，現在事件に関与した業者関係者とともに起訴され，大阪地裁に刑事裁判が係属している（2008年3月現在）。
　また，この市議選によって前市長の与党を形成し逮捕・起訴された前議長

の強い影響下にあった議員が5名落選し，私に近い3名の候補者が市議選史上かつてない大量得票で当選した。

　この前議長の逮捕・起訴と市議選の結果から，市議会での審議，特に委員会審査はそれ以前と比べて様子が一変した。本稿では，このようにドラスティックに変化した生駒市の市政と市政の変革に伴って変化した市議会での審議を題材に，「住民による傍聴と委員会審査との関係」について述べてみたい。いささか特異な例であり，普遍性の点で疑問があるかもしれないが，これから述べることの本質は，多かれ少なかれどの地方議会にもあてはまるものだと考える。

2　委員会審査の役割

　本会議の場でも議員は議案等に対し質疑をし，討論をすることはもちろんできる。しかし，法律改正に伴う条例の文言修正など全会一致で可決することが明らかである議案以外は，ほとんどすべて委員会に議案審査を付託し，委員会の場で実質的な審議がなされる。本会議は委員会とは異なり通常，議会事務局の用意したシナリオ通りに進められ，形式的に議案を議決するセレモニーの場となっている。本市ではそうであり，他の地方議会でも多くはそうであろう。

　フリーランスジャーナリストである今井一氏が原告となった本訴訟の第一審判決（以下，「判決」という）も「確かに，今日においては，地方自治法及びその委任を受けた条例により規定された委員会制度の下において，各委員会における議案等の予備審査等が，本会議における審議と同程度に，あるいは，それ以上に，地方公共団体の議会における審議の中心になっているということができる」（大阪地判平成19年2月16日・判例タイムズ1250号102頁）と述べている。

　そうだとすれば，判決が強調するようにいくら最終的には本会議の場で議案等の可決か否決かが決まるとしても（前掲判例タイムズ102頁），そこで住民が見ることができるのはセレモニーであって，個々の議員の発言内容を聞き，そこからその議員の政策や見識をうかがい知ることはできない。それができるのは委員会の場である。従って，委員会傍聴が自由に認められている

か否かは，住民が「議会の活動状況や議員の行動等を知ることができ，ひいては次の選挙における投票行動を決定することができるようになる」（前掲判例タイムズ102頁）かどうかの決め手であると言っても過言ではない。換言すれば，委員会傍聴が自由かどうかは，その議会の公開性，透明性を決定づける最も重要な要素であると言ってよい。

3　委員会審査の現実

私が市長に就任する以前は，住民による委員会傍聴は少なかったし，市政記者クラブの加盟記者による委員会傍聴も少なかったようだ。そこでは，主にどんなやり取りがなされていたのか。

当時，予算や人事等の重要議案については，議会開会前の与党会派に対する根回しにより，ほぼその内容や賛否が決まっていた。従って，委員会審査の際に，与党に属する議員から議案に対する批判的な質問や意見が出ることはあまりない。一方，野党議員から質問や意見が出た場合，それが核心を突くものであればあるほど，それを野次や怒号によってかき消すのが与党議員の仕事であった。そうすることによって，与党議員は市長に恩を売ることができ，次に自分の要望を市長にきいてもらいやすいからである。

委員長には与党議員が就任しているから，委員長がこのような野次や怒号を制止するはずはない。判決も述べているように，委員長の秩序保持権は「委員会における議事の進行に対する妨害を抑制，排除することにより，委員会での自由な雰囲気を確保してその審査及び調査を充実させるために，委員長に付与された権限」（前掲判例タイムズ103頁）であるが，その権限を，権限を与えられた目的どおりに行使するかどうかは委員長の腹一つで決まるのであって，大抵は，委員長の属する会派に都合のいいように行使されるものである。これは，国会や他の地方議会でも似たり寄ったりであって，「裁判所に顕著な事実」（証拠による証明が要らないほど明白である，という意味の法律用語）と言えるのではないだろうか。

4　住民による傍聴と委員会審査との関係

悲しいかな，これが地方議会の委員会の現実であり，委員長が健全な委員会運営に消極的だとすれば，残るは，報道機関や住民が傍聴によって監視するしかない。しかし，報道機関はニュースになることしか報道しないので，監視役としては不十分である。住民が委員会での議員の発言や態度等からその政策や見識，人格を知り，それを口コミやビラといった古典的な手段で広めることが実は議会に対する大きな監視役となるのである。
　すなわち，住民が委員会を傍聴していれば，委員は自らの見識を疑われるような不勉強な発言や非論理的な発言はしにくくなる。ましてや，野次や怒号によって，委員会審査を妨害することもできなくなる。逆に，行政を担う理事者側を追いつめ，答弁に窮するような鋭い質問をすることが，その委員にとってのアピールとなる。よい意味で委員会審査が活性化するのである。そして，こうした議員の言動が口コミやビラで市民に広く知らしめられれば，そのことが「次の選挙における投票行動を決定することができる」（前掲判例タイムズ102頁）ことにつながるのである。
　判決は，住民による委員会傍聴が委員会審査における自由かつ率直な議論を阻害し，議案の審査及び調査の充実を妨げることにつながるかのような論理に立脚しているが（前掲判例タイムズ103～104頁），現場にいる者からすれば，表面的な見方だという印象をぬぐえない。これが判決を読んで，私が一番強く感じたことである。
　生駒市議会では，私が市長に就任した後も，前議長の影響下で，先ほど述べたような前市長時代と変わらぬ不公平な委員会運営がなされ，到底内実の伴った審査とは言い難かった。表向きには「議案には是々非々で対応する」と言いながら，実際は不合理，非論理的な質問や意見が多く，委員会審査を「市長と議長の対決」の場としていた。当時，委員会傍聴は，報道関係者6名，市民6名と定員が制限されていた（但し，音声だけの間接傍聴は別途，別の部屋に収容できる限り認められていた）。
　しかし，前議長の逮捕・起訴と2007年4月の市議選を経て，委員会の傍聴は「傍聴用の席に加えて，理事者側の席が空いていれば，空いている分だけ住民の傍聴を認める」ということになり，傍聴者が大幅に増えた。また，これまで非公開だった全員協議会も原則公開となった。
　前議長の影響が無くなったこともあるが，このように委員会審査等の公開

が進んだことにより，それまでのような委員の不合理，非論理的な質問や意見は減り，野次や怒号も影を潜めた。

　住民による委員会傍聴により，委員会審査が本来の姿に戻ったのである。このように住民による委員会傍聴が委員会審査に好影響を与えるということについて，裁判で議論されていなかったことが残念である。以上が本稿で私が一番訴えたい点である。

5　テレビ・インターネット中継と議会審議の関係

　生駒市議会では，私が市長に就任する以前，本会議でのテレビ撮影は議会開会の宣告前しか認められていなかった。それが，私が市長に就任した後の初議会（2006年3月定例議会）を撮影したいというテレビ局からの強い要請により，そのときから会議中も撮影することを許可することとなった。

　また，2007年6月の定例議会からは本会議のインターネットによる生中継と録画放映が開始され，住民が家庭で気軽に本会議を「傍聴」できるようになった。

　こうしたことが影響して，以前は，本会議中に席を離れて控室で長時間休憩するような議員もいたが，現在ではいなくなった。また，本会議中の野次もほとんどなくなった。このように，会議の公開が進めば進むほど，住民から見て「いかがか」と思うような議員の言動は減るのである。そして，これは議会のあるべき姿への回帰と言うべきであって，判決が懸念するような，自由かつ率直な議論の阻害とか，議案の審査及び調査の妨害とは到底言えないだろう。

6　「表現の自由市場」への信頼について

　「住民による傍聴と委員会審査との関係」という本稿のメインテーマとは直接関係ないが，判決の中で「おや」と思う点があったので，少しだけ触れておきたい。

　判決は，大阪市議会の先例で大阪市政記者クラブに所属する報道機関にのみ委員長が傍聴を許可するとなっている点について，「委員会の会議を傍聴

した報道機関によりその会議に係る誤った事実又は不正確な事実が報道されたような場合には、当該報道に接した住民がその報道内容が真実であると誤解し、委員会の活動状況や議員の行動等についての正確な事実認識を踏まえた公正な民意の形成が阻害され」「しかも、報道機関の報道が住民に与えた印象は容易に払拭し難いことをも併せ考えれば、その弊害の程度は決して軽視することはできないものというべきである」と述べている。

確かに、判決が懸念するような弊害はあろう。しかし、一般論として言えば、住民は報道機関がどういうところかによって、その報道内容の真実性には自ずと違いがあるということをも十分認識しているのではないだろうか。

例えば、大阪市政記者クラブには大手出版社は所属していない。しかし、大手出版社が発行する週刊誌が新聞やテレビが取り扱う時事問題等を報道することは日常的にあり、その場合、読者はその報道について一歩引いて捉えるのではないだろうか。実際上も、大手出版社が発行する週刊誌の記事をめぐり、名誉毀損の訴訟等が起きることは珍しくなく、大手出版社が敗訴することもままある。そうした事実を知っている読者はそのような目で週刊誌を見ているのではないだろうか。

もちろん私は週刊誌の報道がいい加減だと言っているのではない。住民は必ずしもすべての報道を鵜呑みにしているわけではないということを言いたいのである。市場にあふれる様々な表現行為は、その市場での買い手である読者、視聴者の選別に委ねるべきであって、公権力が過度に干渉すべきではないし、それが憲法21条の趣旨ではないだろうか。

7　さいごに

4で述べたように、判決は、住民による委員会傍聴が委員会審査における自由かつ率直な議論を阻害し、議案の審査及び調査の充実を妨げることにつながるかのような論理を何度か繰り返しているが、そもそも住民に傍聴されていると率直に言えなくなるような発言とは何か、ということが問題とされなければならない。住民の前で堂々と発言できないようなことであれば、そもそも住民の代表として発言すべきことではないし、そこまで言わないまでも、住民の傍聴を排除してまで保護するに値する発言とは言えない。

もちろん，個人のプライバシーに関わることや行政が内部で検討中のこと，あるいは外部と交渉中のことの中には公開に馴染まないものもある。しかし，そういう場合には委員会を秘密会にすればよいのであって，住民による傍聴を原則認めないことの理由にはならない。

　地方財政の状況がますます厳しくなり，市民サービスの低下が余儀なくされ，その一方で地方分権により地方公共団体の役割が増そうとしている今日，住民への説明責任は重くなるばかりだ。こうした状況において，住民の代表から構成され，地方公共団体の最終意思決定機関である議会がその公開性を高めることは，愁眉の課題と言うべきである。

（やました・まこと）

第2章
議会傍聴なんてしたくない

松浦米子　市民グループ「見張り番」代表世話人

1　限定　先着10名様

　2005年9月，大阪市会は，決算委員会に「先着10名」を限定して傍聴席を設け，試行的に市民の直接傍聴を受け入れた。2008年3月の今日までそのままの状態で，専門部門ごとに審議される6部の常任委員会は未だ市民の直接傍聴を拒んでいる。理由は，委員会室のスペースが少ないことと，別の場所でテレビモニター視聴を提供していることである。そこには，別に非公開にしているわけではないからいいだろうという議員の姿勢が言外に見て取れる。
　決算委員会の会議室は他の委員会室に比べて広いため，理事者席を譲ってなんとか10席を設けたようである。しかし，その席は長方形の部屋の一番入口側にある報道記者席の，さらに後の壁際にロープで仕切られた一列だけ。審議を行う奥の委員席から最も遠い位置にある。まるで法廷の傍聴席に倣ったような扱いである。
　部屋の長い壁際には，数列にわたってぎっしり詰まった席に，理事者側関係職員が100人ほど侍っている。その日の審議に関わりのある部署の課長らが質問に答えるのだが，その課長らを補足する職員である。別に全員が議員の答弁に立つわけではない。
　遥か彼方の20人の決算委員席では，顔の表情も所属もわからない議員が質

問し，どこからともなく現れた理事者（主に課長クラス）が，傍聴席に背を向けて，ボソボソと答弁をする。

　決まり文句は「委員ご指摘のとおり」である。質疑に対してもってまわった言い訳をしたあとで，委員の機嫌をとりもつように，必ず「委員ご指摘のとおり」で説明をまとめる。質疑・答弁に関してはもちろん事前に念入りな打ち合わせがなされ，市長や助役の答弁の時間もきちんと組み込まれている。要は委員会は台本通りの発表会にすぎない。自分に直接かあるいは自分の住む地域のことで何らかの関わりがある議題でもない限り，部屋の容積からして酸素不足のうえに極めて退屈な通り一遍の審議で通過する議会委員会など，自然のなりゆきにまかせておけばだれが傍聴などするだろう。一度は怒りにまかせて傍聴しても，よほどの暇人でもなければリピーターになろうとは思わない。

　2005年9月は，前年の秋から噴出した区役所のカラ超勤に端を発した職員厚遇問題や労働組合役員のヤミ専従問題などが続発したことから，議員や市長はじめ幹部職員に対する市民の怒りが，委員会に足を運ばせた。しかし，上記のような退屈な会議，しかも当日審議される議事内容を説明をする資料の配布もないとなれば，傍聴席の市民はまるで儀式に付き合わされた子どもである。じっと席に座っているのは一種の「修行」でさえある。

　要は，理事者側にも議員にも，行政への市民参加，住民自治，そのための情報公開，説明責務という根本的な要素が議会の場では欠落しているのだ。今井一氏が基本的な問題として提起した裁判の地裁判決どおり，議会の独立性と委員長の裁量権が報道の自由より重く扱われることになれば，現在の議会・議員のレベルでは市民の参政権はさらに軽くてよいという解釈がまかり通り，市政クラブの記者さえ傍聴できればよしとする考えが固定し，市民に注視される中では借り物の質疑や追及がやりにくいという議員の本音を正当化することになってしまうだろう。「先着10名様」の発想は間違っている。

2　議員の特異体質に挑戦

　決算委員会だけの「先着10名様」の試行は2年間続いている。「一時的にやかましく言っても，普段はだれも傍聴などに来ない」のだから一部を除い

て市民は直接傍聴を必要としていないと結論付けるつもりだろう。しかしテレビモニターの視聴では，議案によってはモニター周辺が黒山の人だかりになることも少なくない。それは，市民が必要なときに必要な審議を自由に知りたいという基本的な気持ちの現れである。たとえ傍聴者ゼロの日が続いたとしても，市民が審議の傍聴を求めた場合には「会議公開の原則」が守らねばならない。普段傍聴者が少ないからなどという理由で議員に市民の権利を制限される謂れはない。

　大阪市は，かつて食糧費の情報公開裁判で証人席に立った全国市民オンブズマン連絡会幹事らから「情報暗黒都市」と命名されたほど情報公開に消極的な都市である。情報公開すべしとする最高裁判決すら無視して独特の見解に固執するような強引な体質をもっている。だがそれでも長年にわたる裁判や市民オンブズマンの全国一斉請求による公開度ランキングなど，継続的な地道な市民運動により少しずつ公開姿勢を高めてきた。厚遇問題を機に「市政改革」の即効的な手段として「市長交際費」をインターネットホームページで全面公開せざるを得なくなり，市民と行政との協議内容や労組との交渉内容なども公開するようになった。

　しかし，これが「議会の会議公開」に繋がらない。「議会」だけはまるで別世界のように，情報非公開を貫いている。事実上議員の意思決定の場である「議員運営会議」や「全員協議会」など，正規の決定機関でないところでの会議まで原則市民に公開すべきである。

　これまで数多く明るみに出た職員厚遇問題の根本的な原因は，大阪市の非公開体質にあった。ところがそれを追及すべき議員がまったく同じ体質にまみれているのだ。彼らには何の反省もない。

　職員厚遇問題を住民監査請求で追及してきた「見張り番」は，2005年8月を「議会・議員月間」として議員の厚遇問題について毎週，住民監査請求を提起した。

　第1弾は「議長のご苦労さん海外出張」の旅費返還請求である。議長職は毎年与党多数会派から1年ごとにタライ回しされ，任務が終わったら「海外視察」と称して欧米への海外出張に公費で出かけるという慣例がある。厚遇問題で全国的に注目の的になっているこの年も5月4日から13日の10日間，ミラノ，アテネ，パリ旅行に247万8494円を公費支出している。当選回数の

多さの順に名誉職として議長，監査委員を歴任する古参議員になれば，委員会での質疑など行うこともないし「海外視察」の成果が市政に生かされることもなく，単なるねぎらい旅行であることは誰が見てもわかる。随行の財政局の部長の分も含めた合計348万9804円の返還請求は，監査委員も裁量権の範囲内であると棄却したが，「市政改革を踏まえて，多額の経費を要する海外出張については必要性について厳しく精査し，必要不可欠な範囲で行うよう努め，説明責任の観点から視察内容の報告についてはその充実に努めるよう」という意見を付さざるをえなかった。この議長は監査請求を起こされたことでその後ずっと見張り番に対し敵対的な態度を保ち，自身が監査委員に就いたときには住民監査請求をことごとく却下・棄却した。

第2弾は，「議会に出勤する毎に支給される費用弁償」の廃止と返還を求めたものであった。市内に居住し，公共交通の無料パスの交付まで受けている議員が市役所へ通うのに，「日当と交通費」を費用弁償するというしくみである。自らの厚遇を棚にあげて，職員の厚遇問題を追及できるはずがない。監査請求は棄却したが，2006年4月にはそれまで出勤1回につき1万4千円支給していたものを1万円に値下げする条例改正を行った。もちろんそれでも市民の強い批判を受け，結局廃止された。

第3弾は，「議員はいったいなに考えてんねん」とこれまた市民のひんしゅくをかった「永年勤務議員への市長表彰と記念品授与」への公金支出を返還せよとの住民監査請求である。これは，「議員の宝石バッジ」として話題になった。

10年以上在職の議員から，15年，20年と5年ごとに市長が表彰し，そのつど記念品と年数に応じた宝石付きの議員バッジが贈られる。根拠は，昭和53年公布の表彰規則を拡大解釈して議員に援用していることがわかった。この議員バッジは議会用と区別して名誉の印として，パーティなどに着用するのだという。このような認識の「議員社会」に「住民自治や民主主義」など入り込む余地はない。まして委員会を市民に公開することが原則であるなど，そんな考えがあることすら思いもよらないことだろう。

第4弾が，2006年から急激に全国的な話題となった「政務調査費」である。「見張り番」は，地方自治法改正で条例により政務調査費が交付されることになった2000年度から，府内自治体の交付条例の比較検討などを続けてきた。

全国市民オンブズマンによる全国調査と連動してのことである。大阪市議員一人1ヵ月につき60万円，年間720万円という全国一の高額が交付されるにもかかわらず，年度末の収支報告書の使途内訳欄には一文字の説明もない白紙報告であった。条例の不備はあるものの，ごく一般的な公金支出に即して考えても，使途を公開し説明責務を果たすことが課せられている。

　大阪市会議員は，条例に「領収書添付の記載がない」ことを理由に，しかも会派に交付されることになっている調査費を，実際には個人に分けて自由に使っていたことがうかがえる。一人会派の議員が自主的に使途明細を公開したので，それを手がかりに住民監査請求を提起してきたが，監査請求が違法性を特定していないことを理由に監査委員は却下した。

　2006年8月の住民監査請求もまた却下されたものの，議会側も世論の高まりに押されて2007年4月から1件5万円以上の支出に限って領収書を公開するという条例改正を行わざるを得なかった。しかしそれが意味をなさないことは，2007年7月に公開された領収書が如実に物語っている。金額のかさ張る領収書を入手できる「広報費」「人件費」「事務所費」などに支出が集中しているが，それは「市政に関する調査研究費」に当たらないことは中学生でも理解できる。

　だいたい，支払った議員名さえ墨塗りの領収書がいくら公開されようとも，公開されたことにはならない。領収書の有効性さえ備えていないものでは，使途内訳を説明し証明したことにはならない。

　「委員会直接傍聴」を実行しようとしない議員の体質は，政務調査費の公開姿勢にも一貫して表れ，いまや「情報暗黒都市」の汚名を守る最後の砦となって，大阪市全体の情報公開度・透明度促進の足を引っ張っている。

3　委員会直接傍聴は実現するか

　市民の直接傍聴を断る理由は，「スペースが少ない」ことと「市民の代表として報道機関が入っている」であったと思う。そして「市民の代表としての報道機関」とは市政記者クラブに登録している報道各社の記者を指すということであった。

　スペースの問題は理事者席を譲るなどで解決できる話である。そもそも立

派な委員会室を設置する際に市民の傍聴など頭から抜け落ちていたことが問題だろう。しかしスペースは物理的な問題であるからスペースさえあれば解決する。

　問題は，市政記者クラブの記者に公開していることが市民に公開しているといえるかである。

　市政クラブの記者が市民の代表になりえるはずがない。理論的にも実態上も報道機関は市民の代わりに委員会を傍聴する立場ではない。報道・表現の自由に基づく職業としての報道記者と，主権者市民として行政や議会の内容について知る権利がある市民とでは，中身で必ずしも一致しえない。市政記者クラブの報道各社が市とどのような契約関係にあるのかはわからないが，市民が知りたい内容を的確に報道することができるかどうかは疑問である。報道各社が伝えねばならないと考えることと，市民が知らねばならないことは必ずしも合致しないし，合致したとしても全社の報道を知ることは無理である。市民は，記者クラブが市役所内で市の便宜供与を受けている姿からは，報道機関は市民側に立つというよりもむしろ行政や議員側に配慮した報道であると受け止め，無条件に公平であると信じられないのである。見張り番が発足した1990年当時とはかなり改善された面もあるが，それでもまだ記者クラブには「報道してやっている」という高いところからの目線を感じることも少なくない。たまたまテレビモニターで自分の関心のある委員会を視聴した翌日，新聞報道を見ると市民にとって知りたいことよりも市長や理事者側の説明ばかりが報道されていることにがっかりさせられることがある。

　行政側は都合のよいことを報道してもらいたいから，記者クラブを足元に置く方が便利である。大阪市では労働組合への便宜供与が問題になり，市役所の地下にあった組合の部屋が大幅に縮小された。しかし市長室と同じ市役所5階の一角を占める市政記者クラブもまた便宜供与を受けていることに変わりない。自治体によってクラブの実態もずいぶん違うと聞いているが，2006年，ある市役所記者クラブの事務職員の給与が公費から出ていることが問題になった。市役所の部屋だけでなく，光熱費や電話・ファックスなども公費で提供されているうえに，クラブの事務職員まで提供されているとすれば，行政側への遠慮はまったくなしに過ごせるだろうか。また，きちんと市民に説明できるだろうか。

ある自治体では，記者クラブには新聞社のみが入り，民放各社は除外されているという。市民は決して報道機関が入っているから行政や議会の情報が十分提供されているとは思わないし，ましてそのことが「委員会直接傍聴」を退ける理由にはならないと強く言いたい。

　2007年も議長に委員会の直接傍聴を求める「要望書」（資料D）を提出した。ことしは，大阪市問題に取り組む「大阪24区市民連絡会」が提出し，議長から期限の9月30日付で回答（資料E）があった。しかし，この回答を見る限り直接傍聴の実現は期待できそうにない。
　決算委員会の傍聴の試行実施について，「委員会が職責を果たすため，委員が理事者と十分に議論を展開できる環境にもっとも重きを置く中で，委員会審議に支障をきたさない範囲内で理事者席を減らして，一般傍聴席に充てる」（アンダーライン筆者）ことにしたと説明している。
　つまり，「議員と理事者が十分に議論を展開できる環境を最も重要」としているが，市民の傍聴がまるでその環境を損ねると考えているようである。委員会の議論の展開は，市民の傍聴を含んだ環境で行われることが原則であるとの認識がない。「支障をきたさない範囲で理事者席を減らした」と恩着せがましいが，あの大勢の理事者がすべて必要とは到底考えられない。むしろ多数の職員が委員会開会中は職場を離れて委員会に侍っていても職場に支障をきたさないのかと疑問に思う。
　資料の配布については，「傍聴希望者すべてに配布することが難しい」と回答しているが，たった10席しか設けていない決算委員会で，市民に資料を配布することがそんなに難しいはずがない。マスコミに配布する際に増刷すれば足りることである。
　「入れてやろう」「見せてやろう」姿勢だから，このような回答になる。相変わらずの基本的な認識不足で，到底今後も委員会の直接傍聴は期待できない。
　私がことしの委員会審議の直接傍聴で確認したいと思ったことは，見張り番が提出した「政務調査費に関する条例改正の陳情書」の扱いである。毎年6億円以上の公金が支出されながら，その使途について説明もなく，支出を証明する資料さえ公開しない。領収書のほとんどが墨塗りという実態につい

て，政務調査費の廃止または半額に減額を求めた条例改正の陳情がどのように扱われたのか，ぜひ，直接傍聴で議員や理事者の表情も含めて確認したいと思った。

財政総務委員会に付託されたと聞いたものの，あれだけ話題になった政務調査費に関する陳情の扱いは，1行の記事にもならなかった。「市民の代表」である報道機関の選択から外れたようである。委員会議事録で発言内容を確認するには，約3ヵ月後まで待たねばならない。

基本的な権利・義務関係についての認識を問わず，「入れてやろう」「見せてやろう」という議員と「書いてやろう」「知らせてやろう」という報道機関では，どちらも市民の代表といいながら，その実は市民を直接傍聴から退けるところで一致している。

このような「環境」が温存される限り，市民の知る権利は邪魔者扱いされて，「テレビモニター」視聴に甘んじ，当日の資料配布もないなかで，審議内容さえ確認できず，意味不明のやりとりを聞かされる退屈な委員会が続けられるのである。

いみじくも，全国的に市民の関心の的となった「政務調査費」が改正地方自治法で条例に基づき交付されるようになった目的は，「地方議会の審議の活性化」と「透明化」であった。「政務調査費」の目的内・適正支出を徹底させ，活発な審議が行われることによって，市民は「委員会の直接傍聴」に足を運ぶだろう。

会議公開の原則，市民参加の行政実現のために，あらゆる角度からの市民運動の継続と同時に，議員の裁量が市民の権利を超えてはならないという厳然とした判断が必要である。委員長の裁量権に委ねられている限り大阪市会の委員会直接傍聴は実現しない。

（まつうら・よねこ）

【資料D】

大阪市会議長
足高　將司　様

2007年9月18日
「大阪24区市民連絡会」
共同代表　平安名　常徳
　　　　　松浦　米子
（事務局・一柿　090―（略））

要　望　書

【要望の趣旨】
　現在，議員の政務調査費の使途について社会的な関心が高まり，政務調査費が議員本来の議会活動，市民を代表して市民の安心・安全な暮らしを守るための条例提案や政策立案に支出され，議会審議を活性化し，その使途は事実を証する資料（帳簿や領収書等）を公開して政務調査費支出の透明化を図ることに生かされているか否かが問われています。

　ところが，大阪市会では，全国一の高額交付（議員一人月額60万円年額720万円）されながら，昨年までその使途については収支報告書で一文字の説明も記載されることはありませんでした。
　平成19年4月から，18年度以後の支出について1件5万円以上の領収書を添付し公開することに条例を改正しました。しかし，公開された各会派の領収書約3000枚には政務調査費の具体的な使途についての説明がないことはいうまでもなく，領収書の宛名，発行人，領収書内容，領収書番号など本来書かれるべき必要事項がほとんど記載されていないか墨塗り非公開であり，市民はその使途をまったく確認できないものでした。
　この件で象徴されるように，議会の閉鎖性はまったく時代の流れを止めたままの状態で，とりもなおさず，いまだに委員会の直接傍聴が実現していないことに繋がる体質であります。決算特別委員会は，試行的に

10人程度の市民の直接傍聴を認めていますが,「試行」とすること自体が「会議公開の原則」に反し,本質的な過ちを犯していることに他になりません。

委員会の傍聴を拒むことは,市民からみれば,委員会で本当の意味の審議が行われておらず,事務局にすべてを依頼したシナリオどおりに事を運んでいる姿を直接見られることを拒んでいるとしか考えられず,議員の生の姿（力量）を見せたくない結果と思わざるをえません。

その参考例として,政務調査費に関連して平成19年改選前の議会について調査したところ,議員提案の条例案は平成15年以後1件もなく,政策立案の提案もなく単に「意見書」「要望書」の採択に留まっていました。これでは,市民の行動レベルと同じであり,議員の値打ちが発揮されたとはいえません。政務調査費の使途で「市民の要望を聞いた」「アンケートを実施した」と説明していますが,議員の役割である「請願」・「陳情」の審議・採択については,平成15年以降に「見張り番」が提出した陳情書7件はすべて「たなざらし」のまま任期満了で送り返された一方,採択された8件のほとんどが「商店会総連合や地域振興会」など行政協力団体のものでした。これでは,市民の声を議会に反映するために政務調査費を支出したのか,その結果がどうなったのかまったくわかりません。

私たちは,委員会の直接傍聴に関してこれまでにも要望書や陳情書を提出してきました。せめて自分たちが提出した要望・陳情が委員会で審議される場合や三セク破綻への公金投入について審議される場合など,市の財政にとって重要な審議を直接傍聴し,発言する議員の表情や同席議員の反応,理事者側の表情などから,その審議の誠実さや真剣さあるいはごまかしなどがないのか,などを確かめる必要があります。

テレビモニターでは,音声は取れるものの,議員の細かな表情や市長・理事者の態度などはまったくわかりません。どちらを選択するかは市民の自由に任されるべきで,どちらかに限定するものでもありません。できるだけ多くの市民が議会審議を知ることができるよう配慮するのが

行政の責務であります。
　以上のことから，早急に委員会傍聴を実現されますよう，条例改正を求めるものです。

【要望項目】
　１．大阪市会のすべての委員会で市民が直接傍聴できるよう条例の改正を求めます。
　２．本会議・委員会で当日の日程，審議資料，配布資料を傍聴者にも配布するよう求めます。

　なお，本要望書に関する文書回答を９月30日までに上記事務局までいただきますよう，お願いいたします。（ＦＡＸ番号06―（略）―（略））

【資料E】

「要望書」に対する回答について

　　　　　　　　　　　　　　　大阪市会議長　　足高　將司

　＊委員会傍聴につきましては，これまで条例等に基づき運用されているところでありますが，議員提案，陳情，申し入れ等さまざまな形で市会内外から問題提起があり，各会派で慎重に検討を重ねた結果，平成17年９月21日に，各派幹事長会議において，決算特別委員会における一般傍聴（直接傍聴）の試行実施について協議・決定され，平成17年９月29日から試行実施されております。
　＊この直接傍聴は，委員会がその職責を果たすため，委員が理事者と十分に議論を展開できる環境にもっとも重きを置く中で，委員会審議に極力支障を来さない範囲内で理事者席を減らして一般傍聴席に充てることにより，決算特別委員会において試行実施をしているものであります。
　＊その後，平成18年開催の決算特別委員会においても，内容について

議論を重ね検証したうえで直接傍聴の試行実施をしており，平成19年も来る9月・10月議会で審議が予定されている決算特別委員会において試行実施をすることが決定されております。

　＊なお，審議資料等の配布につきましては，冊子（印刷物）等の資料が多く，傍聴を希望される方すべてに配布することが事実上難しいことから，現在市会図書室で，どなたでも本会議，委員会で審議された資料について閲覧いただけるようにしております。

　＊また，当日の日程につきましては現在施行中の決算特別委員会における傍聴にあたって，各委員の質疑時間および特別職の出席要請項目をお示しした，「質疑予定表」を掲示しております。

　＊今回のご要望の事項を含め，今後の委員会傍聴のあり方については，試行実施の中で引き続き市会各会派において検討・協議してまいります。

第3章

議会公開の徹底
── 委員会の公開に向けて

田島泰彦　上智大学教授

はじめに──委員会公開の課題

　今回の問題は，一言で言えば，フリーのジャーナリストである今井一氏が大阪市議会の一委員会（財政総務委員会）に傍聴を申請したところ，同委員会の委員長（村尾しげ子）が大阪市会委員会条例の規定（12条1項）に基づき，これを不許可としたという出来事が生じ，これを不服として同氏が大阪市を相手取り損害賠償訴訟を提起したという事案である（2005年3月）。一審の大阪地裁は2007年2月16日（判例タイムズ1252号87頁）に請求を棄却し，二審の大阪高裁も同年10月31日控訴を棄却。現在上告中である。

　ところで，大阪市議会の委員会の傍聴について，先の委員会条例の規定では，「委員会は，議員のほか傍聴を許さない。但し，報道の任にあたる者その他の者で委員長の許可を得たものについては，この限りではない」と定められているので，委員会の傍聴は非公開とされるものの，但し書きの規定により委員長によって許可されることも可能となっている。実際，大阪市議会先例集は，「委員会は，議員のほか報道の任務に当たる者のうち，市政記者クラブ所属の報道関係者の傍聴を許可している」（314）と定めている。

　これらによると，大阪市議会の委員会は，原則非公開とされるものの，記者クラブの記者は委員長により傍聴が許可されるが，いずれにしても一般市

民や記者クラブ所属の記者以外の記者，ジャーナリストは傍聴を認められないことになっている。

このような自治体議会の委員会がそもそも原則公開されないで，記者クラブの所属記者しか許可されず，それ以外の市民やジャーナリストが傍聴を認められないというのは，一体どういうことなのか。国会や他の地方議会の制度や動向も考慮し，また今回の裁判所の判断，特に大阪高裁もこれに依拠している大阪地裁の判決にも触れながら，検討してみたい。

この問題についての私の問題意識を示せば，情報公開や知る権利，表現の自由などの観点から，国会にせよ，地方議会にせよ，本会議だけでなく委員会についても公開原則を広げるべきである。公開原則は市民とメディアに対等かつオープンな形で担われるべきであり，メディアの取材報道は記者クラブの記者だけでなく，それ以外のメディアやフリーのジャーナリストに開かれたものに徹底する必要がある。また，メディアはジャーナリズムの立場から，公開原則の徹底のために重要な役割を果たすことが求められている。

1　公開へ向かう委員会

まず第一に指摘しておくべき論点は，地方議会の委員会は公開に向けて大きな動きが見られることである。その点で，委員会を原則非公開とし，記者クラブの記者だけに許可を認め，市民やジャーナリストを許可しないという大阪市議会の閉鎖的な制度や運用はそうした流れに逆行するものであり，むしろ現状でもますます異例なものになりつつあることである。

それを紹介する前に，国会と地方議会の会議の公開についての制度的枠組みを簡単に見ておこう。

(1)　会議公開の制度枠組み

まず，国会の会議公開については，憲法が「両議院の会議は，公開とする」と定めている（57条1項）。ところが，国会法は，「委員会は，議員の外傍聴を許さない。但し，報道の任務にあたる者その他の者で委員長の許可を得たものについては，この限りでない」と規定している（52条1項）。

憲法が言う「両議院の会議」とは，本会議を指し，委員会は含まれないと

の理解が一般的になされてきたが、この点は後に議論したい。国会法によれば、委員会の傍聴は原則非公開で、報道関係者など委員長の許可により認められることになる。大阪の委員会条例と同じ枠組みであるが、後に見るように運用はかなり異なっている。

なお、戦後成立した国会法は、「委員会は、議員の外、委員長の許可を得た者が、これを傍聴することができる」と定めていたが、1955年の第五次改正により、現行の規定となったものである。

それでは、地方議会の会議公開はどうなっているのか。憲法は、地方公共団体の組織・運営については「地方自治の本旨」に基いて法律で定め、議事機関として議会を設置するなどの規定は置いているものの、地方議会の会議の公開については明示的な定めはしていない。その一方で、地方自治法は、「普通地方公共団体の議会は、これを公開する」とのみ規定していて、委員会の公開についての明示規定はないが（151条1項）、ここでの「議会」とは本会議を意味し、委員会は含まれないと一般に解されてきた。

これについても有力な反論があることは後に触れたいが、地方議会の委員会の公開については憲法上、地方自治法上明示的な規定が見られないため、自治体によっては委員会条例などによって、委員会の公開のあり方を定めることになる。大阪市議会の条例も、委員会条例で定める方式をとっている。

(2) **公開に向かう委員会**

このように、法制度上、議会の委員会は公開原則が明示されていないにもかかわらず、会議公開の実質や現状は必ずしも閉鎖的なものではなく、むしろ公開に向けた動きが広げられつつある。学説の傾向については後に述べるとして、委員会の公開をめぐる運用の現状と動向を確認してみよう。

たとえば、国会について言えば、国会法で原則非公開とされつつ、委員長の許可制に置かれていて、法制度上は大阪市と同じ構造になっているが、実際には、報道関係者は議員が交付する記者証により自由に傍聴が許可され、また報道関係者以外の一般の市民についても議員の紹介があれば、傍聴席に余裕がある限り許可するのが例となっているため、委員会はかなり広く公開されており、事実上公開されているに等しいとの評価も見られる。記者クラブ所属の記者だけが委員長の傍聴を許可され、それ以外のジャーナリストや

市民を許可しない大阪市の原則公開に消極的な運用とは明らかに異なる状況と言わなければならない。

　地方議会の委員会についてはどうか。自治体の場合は、大阪市の委員会条例のように、委員会を原則非公開にし、条件付きで傍聴を許可するというやり方が少なかったが、これは昭和31年に自治省によって示された「標準」委員会条例（「標準」都道府県・市・町村議会委員会条例）を踏襲したことによる。しかしながら、現在では委員会条例等により、本会議同様、委員長の許可なしに委員会も原則公開とする方向が広がりつつある。

　たとえば、都道府県について言えば、全国都道府県議会議長会事務局の調査によれば、委員長ないし委員会許可によらない委員会の公開が20議会、それ以外の27議会が許可制となっている（平成16年10月1日現在での調査を基本とするが、委員会の傍聴については平成15年7月1日現在のもの。「都道府県における議会改革に関する取組状況」）。なお、別の研究調査では、平成19年2月現在で、本会議と同様ないしそれに準じた公開が28議会、許可制が8議会、非公開ないしそれに準じた議会が11と確認される（大山英久「地方議会の公開と会議録をめぐって」レファレンス平成19年6月号中の「別表・地方議会の会議録等の公開状況」から私が整理した）。

　市町村でも委員会の公開は広がっている。全国町村議長会の調査結果によると、委員会を本会議同様に公開しているのが1297市町村で、全体の52％に及んでいる（平成16年2月現在。「地方議会の活性化に関する調査結果」）。なお、東京都の区議会、市でも原則公開に向けた動きが広がっており、許可なしの無条件の公開制も多く、委員長等の許可制になっていても事実上自由に傍聴できているような運用になっている。

　こうした中で、委員会条例改正の動きも見られる。全国市議会議長会の都市問題研究会は、2002年2月20日、「分権時代における議会運営のあり方――会議規則・委員会条例・議事次第書」をまとめ、その中で従来多くの市議会が準拠してきた「標準市議会委員会条例」に代えて、委員会条例の「新しいモデル」としての「新条例」を提示し、委員会の公開についても、「委員会の会議は、公開する」（37条）と定めた（自治日報2002年2月22日、3月1日付）。

　このように、議会の委員会は、本会議と同様に非公開の撤廃はもとより、

傍聴の許可制を広げ，さらには許可制も外して原則公開としていく方向が時代の大きな流れであり，趨勢であることは確かであり，今回の大阪市議会の制度と運用はこれから大きく取り残されているといわざるを得ないし，これを容認した大阪地裁や大阪高裁の判断もこうした時代の傾向を敏感に捉えることができなかったのは残念としか言いようがない。

2　委員会の公開はなぜ必要なのか

それでは，議会の本会議同様，委員会の傍聴と公開はなぜ広がっているのか，なぜそれらが必要なのか。委員会の重要性という積極的側面と，非公開の阻害理由という消極的側面について，それぞれ検討してみよう。

(1)　委員会の重要性と公開化

委員会の公開については，国会における委員会公開の議論が参考になろう。この中でもっとも重要なポイントは，今日の委員会制度のあり方についてである。すなわち，読会制の下で委員会が本会議の準備段階に過ぎなかった明治憲法のもとでの委員会制度は，アメリカの制度の影響を受け日本国憲法の制定と国会法の改正を経て，国会における審議の中心は委員会に置かれることとなり，議案の審議についてもその発議・提出は委員会に付託され，本会議では，委員会での審議の経過・結果の報告の後に，質疑・討論を経て，表決に付されることになった（山本悦夫「日本国憲法57条の会議公開の原則」法学新報97巻9・10号〔1991年〕142頁以下）。

学説上，憲法57条の公開の対象としての「両議院の会議」とは，本会議のことを指すとの見解が通説であるが，その理由づけには，①議員の意思が終局的には本会議で決定されること，②会議公開の原則が歴史的に本会議を中心に発達してきたことも含まれている。そのことに対して，そうした理由づけには問題があるとして上記山本論文は次のように指摘する。①については，「公開の本会議で最終的判断がなされるだけでなく，実質的な審議過程である委員会の公開が保障されなければ，憲法57条の意義は失われる。国民は，結果の公開だけでは，その正当性や妥当性を十分に判断することはできない」し，②に対しても「歴史的発展を根拠とするならば，現代の委員会中心

主義という歴史的発展も考慮すべきである」などとして，憲法57条の会議公開の原則は委員会にも及ぶべきだと結論付けた（山本・前掲論文143頁以下）。

委員会中心主義の観点から委員会の公開を求める声は他にも少なくない。たとえば，「今日実質審議の中心は委員会にあることは明らかであり，憲法は，実質的な審議についての公開を要求しているとみるべきだから，委員会も公開が必要だと解すべきである」（野中俊彦「議会運営の諸問題」法律時報46巻2号〔1974年〕21頁）との意見もその一例である。

今回の大阪地裁判決も，国会だけでなく，委員会における議案等の予備審査等が「本会議における審議と同程度に，あるいは，それ以上に地方議会における審議の中心となっていることが認められる」と判示し，委員会の重要性を是認している（ただし，委員会の公開は国会も地方議会も憲法上制度としては認められず，委員会への傍聴の自由を一定是認するにとどまった）。

市町村での委員会公開の調査結果報告は，「委員会中心の運営を行っている町村では，委員会が公開されなければ，その審議の模様が住民にはわからず，住民不在の議会といわれよう。このような弊害をなくし，委員会を本会議同様に自由に公開していくことは必要不可欠なことである」と指摘されている（全国市町村議長会・前掲調査結果）。

自治体の実態に即した立場からも，本会議の場はセレモニーであって，「個々の議員の発言内容を聞き，そこからその議員の政策や見識を疑い知ることはできない。それができるのは委員会の場である」ので，委員会への住民の傍聴の自由が議会の公開性にとって「最も重要な要素である」と位置づけられている（本書所収の山下真「住民の委員会傍聴は，自由かつ率直な審議を阻害するのか」論文参照）。

(2) 公開を妨げる理由はあるのか

それでは，委員会の公開を禁止し，制限する理由にはどのようなものがあるのだろうか。それに説得的な根拠は見出せるのか。

前記大阪地裁の判決は，この点，「自由かつ率直な審議の場を確保してその審査及び調査の充実を図ることは，それ自体重要な公益ということができるのであって，このような観点から個々の住民の委員会の会議を傍聴する自由が制限を受けることになってもやむを得ない」と述べ，委員会を原則非公

開としつつ，委員長の許可により傍聴を許容する大阪市の条例の規定（12条1項）を是認する判断を示した。これによれば，委員会の傍聴，公開は「自由かつ率直な審議」の場を確保し，その審査等の充実を制約し，妨げる理由とされていることがわかる。「委員会は少数で実質的自由率直に行わせる趣旨からみて，非公開も差し支えない」との指摘も同旨であろう（伊藤正己『憲法・第3版』〔弘文堂，1995年〕459頁）。

この種の議論は少なからず指摘されている。たとえば，「非公開の会議のほうが討論の形式化に陥るのを防ぎ，また一般国民に対する宣伝的，扇動的言論を少なくし，委員会の審議を技術的にし，討論の自由化と審議の能率化を促進する」との紹介が示されるとともに，傍聴人がいる前では対立調となり，譲歩が難しいとの考えもあるという（大山・前掲論文36頁以下。地方議会でも，委員の自由な発言を保障し，審査が形式主義になることを防ぐとの理由が示されている。大山・前掲論文38頁参照）。

また，公開による討論の形式化，宣伝的な発言の横行も委員会公開を妨げる弊害理由にされてきたと言われ，特に，一定の委員会において，多数の傍聴人が押しかけ，委員の発言に対して威圧ややじを飛ばし，静止を聞かないなどの支障が生じ，委員もスタンド・プレーを行うなどの「運営の実情」を理由に，委員会を制限許可制へと変更する国会法の改正がなされた経緯もある（山本・前掲論文142頁以下）。

なお，「議場の構造・設備の関係で，傍聴人の数を制限するのは当然許される」（伊藤・前掲書458頁）など，委員会室が狭く，スペースが確保できないとの理由も示されることがある（大山・前掲論文38頁も同旨）。

しかし，以上のような委員会の公開を妨げ，制限する「弊害」理由に十分で説得的な根拠があるか疑わしい。たとえば，公開の弊害が真に存在するという論証に欠けるとし，先ほどの「運営の実情」についても，弊害が憲法上の公開原則を否定する理由にはならず，スタンド・プレー現象は議員自身の問題だと批判する（山本・前掲論文143頁以下参照）。特に，大阪地裁が示す「自由かつ率直な審議」に反するとはいかなることか，何の具体的な根拠も例も示されていないのは，およそ説明にもなっていない。

むしろ，万が一弊害が生じる事態が生じたとしても，本来会議公開の原則が委員会を含めて及ぶとした上で事情に応じて非公開とするほうが公開原則

第3章　議会公開の徹底　39

や知る権利など憲法の趣旨に合致する（山本・前掲論文144頁）。あるいは，憲法上の権利として委員会の傍聴を認める以上は，許可制にして制限するにしても，客観的な理由が存在する場合に限定されると解されるべきであり，大阪市条例の場合で言えば，審議妨害等の退席や秘密会などの措置（12条3項，2項）で対処可能であるので，傍聴不許可という事前の措置で「委員会の自由かつ率直な審議の場の確保」を図ろうとするのは行き過ぎた措置である（本書所収の折田泰宏「委員会傍聴拒否裁判の争点と意義」論文参照）。

なお，委員会室の確保については，技術的な工夫で対応可能であり，公開原則の禁止や制限の本質的理由にはなりえない。現に実際にも，国立市では，予定されている傍聴席（30席）を上回る人々が傍聴を希望した場合には，物理的に可能な限り傍聴席の椅子を詰めて席数を増やすなどの試みもみられてきた。

むしろ，以上のような弊害論に反して，委員会の公開が進んだことにより，「それまでのような委員の不合理，非論理的な質問や意見は減り，野次や怒号も影を潜めた。住民による委員会傍聴により，委員会審査が本来の姿に戻った」とのレポートのほうがはるかに具体的で，説得的である（山下・前掲論文参照）。

以上の議論を踏まえて結論を示せば，議会における委員会の重要性を考えると委員会の公開が不可欠である一方で，その公開を妨げ，制限する弊害論には理由が乏しいといわざるを得ない。

3　傍聴と公開の担い手は誰か

それでは，委員会の傍聴と公開は誰によって担われるのであろうか。市民やメディアがこれにどう関わり，両者の関係はどのようなものと考えるべきなのだろうか。また，一体どういうメディアが傍聴や取材の対象とされるのか。

(1)　会議公開原則と大阪市の委員会公開制限

まず，その前に，そもそも議会の会議の公開とは何なのかを確認しておこ

う。憲法や地方自治法に定める会議の公開原則とは一般に，①傍聴の自由，②報道の自由，③会議録の公開，を指している。ここで明らかなように，市民・国民は議会の会議を自由に傍聴することができるだけでなく，報道の自由の観点から報道機関も自由にこれを傍聴し，取材できることが公開原則によって要請されることを意味する。

そこで問題となるのは，一つは市民の傍聴とメディアの取材・傍聴との関係についてであり，もう一つは，メディア・報道機関の中の記者クラブとそれ以外の記者やジャーナリストの関係についてである。大阪の条例・運用は，委員会について非公開を原則としつつ，委員長により許可を得た者の傍聴を認め，記者クラブの記者の傍聴を許可してきた。その一方で，今回の今井氏の申請不許可に見られるように，この記者クラブ所属の記者以外には，一般市民も，他のメディアの記者やフリーのジャーナリストなども認めない運用がなされてきた。一審，二審の裁判所もこれを是認，追認する判断を示した。

こうした大阪市の制度・運用と裁判所による追認は，要するに委員会の公開について，市民の傍聴を閉ざし，記者クラブ記者による傍聴・取材を認めるというやり方であり，別の表現によれば，メディアの取材は市民の傍聴に代替できるという意味をもっていることであり，さらに同じメディアの間で記者クラブ所属の記者だけが取材のための傍聴が認められ，それ以外の記者やジャーナリストは排除されるということである。

(2) **委員会傍聴における市民とメディア**

まず，前者の点について，大阪地裁は，以下のように説明している。

①機関の傍聴の自由については，国民（市民）の知る権利に奉仕するものとして，「個々の住民の傍聴の自由以上に重要な意味を有する」。

②委員会の傍聴の許可については，「報道の公共性，ひいては報道のための取材の自由に対する配慮に基づき，報道機関の記者（略）をそれ以外の一般の住民に対して優先して傍聴させるという取り扱いをすることは，地方政治の報道の重要性に照らせば，合理性を欠く措置ということはできず」，法の下の平等を定める憲法14条1項には違反しない。

③一般住民の傍聴の自由が制限されても，傍聴を認められた報道機関による委員会に関する報道を通じてその活動状況や議員の行動等を知ることが可

能ということができ，このような報道を通じて住民の間に世論が形成され，民意に基づく審議が可能となるので，知る権利を保障する憲法21条1項にも違反しない。

　こういう司法判断に対しては，以下のような疑問を提示しなければならない。まず第一に，①と②のように，報道機関の傍聴の自由が住民の傍聴の自由以上に重要とし，報道の公共性や取材・報道の自由に鑑みると住民より傍聴許可を優先して考えるとすべきかどうか，自明ではない。報道の自由やその公共性が大切なのは確かとはいえ，会議の公開が国民主権や住民自治に根拠付けられ，その知る権利に支えられ，議会に関する情報の収集，摂取する自由などの表現の自由に基づくとすれば，住民の傍聴は少なくとも報道の自由に勝るとも劣らない固有の意義を担っていると認識するほうがむしろ自然である。

　また，③のように，市民の傍聴が認められなくとも，メディアの報道によって委員会の情報は住民により知らされ，民意に基づく審議も可能となるという論理は，市民とメディアを一体的，同一的な存在とみなし，両者の固有の独立性や相違を認めず，メディアの傍聴を市民の傍聴と完全に代替できるとする見方に他ならず，とうてい納得しがたい。

　そもそも，メディアの取材・報道はなお限られた人々に対する公開に過ぎず，ニュース価値の評価が必然的に介在するため，国民の多様な関心に従って審議の模様が伝えられるとは限らないし，社会的権力としてのメディアに対する市民のアクセスが問題とされる状況もあり，報道機関に公開されることをもって一般国民への公開を拒否する理由とはならない（浜田純一「会議公開原則と報道」ジュリスト955号〔1990年〕116頁参照）。

(3) 記者クラブと他のメディア・ジャーナリスト

　大阪市の委員会傍聴の運用は，前記先例集314に見られるように，一般市民だけでなく，メディア関係者も広く傍聴が排除され，許可されるのは記者クラブ所属の記者だけに限られている。これについて大阪地裁は，記者クラブ（大阪市政記者クラブ）の「相互規制等を通じて報道に係る一定の行為規範，価値基準が共有され」，その存在意義につき相当数の国民から支持されていると推認されるなどから，「所属の報道機関ないしその記者は，委員会

の会議に係る事実を正確に報道することのできる能力，資質を備えた者であることが，相当の根拠をもって担保されているものということができる」から同記者クラブに所属する記者であるか否かという基準は，委員会の傍聴を希望する報道機関ないしその記者に前記の能力，資質が制度的に担保されていると認められるための基準として，十分合理的なもの」と述べている。

　メディアの中で記者クラブ所属記者のみを委員長による許可の対象にし，正当化するこの判断についても，疑問がある。日本の記者クラブが報道の場面等で一定の役割を果たしているのは事実であるが，裁判所も認めているように，記者クラブに所属しない報道機関や記者，ジャーナリストの中にも委員会の会議に関し正確な報道ができる能力，資質を備えたものが少なからず存在していると思われるのに，なぜ記者クラブの記者だけが傍聴を許可され，他の者が排除されるのか，合理的で明快な理由，根拠は示されていない。

　むしろ，メインストリームメディア中心の記者クラブとその加盟社に対しては，発表ジャーナリズム体質をはじめ権力依存や権力癒着との厳しい批判も時に向けられてきた。委員会への取材，監視の観点からは，多様な視点や問題意識，報道のあり方を広げ，強めていくためにも，記者クラブの加盟社や記者だけに狭く独占させず，それ以外の様々な報道機関や記者，フリーのジャーナリストなどの傍聴を保障することこそが求められている。

　そもそも，委員会への傍聴について，委員長による許可という形で，記者クラブ加盟社とその記者のような特定のメディア集団を選別し，優遇し，排除するということが，取材・報道への公権力への介入，規制にならないのかという根本的な問題も議論されてしかるべきだろう（上脇博之「大阪市議会委員会傍聴不許可処分に対する損害賠償請求が棄却された事例」『速報判例解説』法学セミナー臨時増刊号1号〔2007年〕32頁は，マスコミを選別して傍聴の可否を決めることは許されないと指摘する）。

4　委員会の公開に向けて

　以上のような議論も踏まえて，それでは委員会公開の法理はどのようなものと考えるべきか，憲法や関係法律に即して整理，検討してみたい。

(1) 委員会公開の憲法論

　国会でも，地方議会でも本会とともに，委員会の公開が必要であり，それが大きな流れとなっていることは1，2で既に示しておいたが，委員会も含む会議の公開，傍聴の自由の憲法上の根拠と基礎は，国民主権や国民代表制の原理などとともに，何よりも21条の表現の自由に含まれる「知る権利」である。この知る権利は，公権力の有する情報へのアクセスを求める権利も含まれ，国民が主権者としてもつ権利なので会議公開の原則と密接に関わることになる（山本・前掲論文126頁以下）。

　傍聴の自由を含む会議の公開により，市民に情報を提供し，知る権利に応える役割を担っていることは学説でも多く支持されている（たとえば，杉原泰雄『憲法Ⅱ』〔有斐閣，1989年〕304頁，工藤達朗「57条」『基本法コンメンタール憲法・第5版』〔日本評論社，2006年〕297頁，石村修「公開原則」法学教室109号〔1989年〕54頁，佐藤幸治「議会制と表現の自由」ジュリスト955号〔1990年〕7頁など）。

　もう一つの会議公開の憲法上の根拠は，憲法21条に基づく，取材・報道の自由である。学説は一般に，会議公開の内容として，傍聴の自由や会議録の公表と並んで，報道の自由も掲げている（杉原・前掲書304頁，工藤・前掲297頁など）。このような報道の自由は憲法21条に含まれる憲法上の権利に支えられているものである。

(2) 公開原則が求められる委員会

　議会の公開と傍聴の自由が知る権利や報道の自由という憲法上の権利に由来し，根拠をもつものであり，また前述したように国会や地方議会の実質が委員会中心になされていて重要な役割を果たしている一方，公開を妨げる弊害も薄弱で根拠に乏しい以上，委員会の公開が広げられつつあるのはもとより当然であり，自然である。

　そうであれば，委員会公開に関する国会や地方議会の法制度は以上の観点から再構成され，再検討されることが求められなければならない。

　まず，国会の委員会については，国会法の規定では原則非公開とはなっているものの，運用上は事実上，実質上は公開されており，報道機関も市民も傍聴が自由に許可されているというのは1でみたとおりである（たとえば，

大石眞『議会法』〔有斐閣，2001年〕144頁，大山礼子『国会学入門・第2版』〔三省堂，2003年〕105頁，浅野一郎編『国会入門』〔信山社，2003年〕285〜6頁，山本秀彦「国会情報の公開」法律時報70巻6号〔1998年〕56頁）。

　しかしながら，こうした国会の委員会公開の制度と運用に問題がないということにはならない。一つは，実質公開に近い運用がなされているとはいえ，市民の傍聴については議員の紹介という制約が付けられており，この条件を緩和する必要がある（なお，課題としてこれを指摘するものとして浅野・前掲論文193頁参照）。根本的には，委員会を原則非公開とし，例外的に委員長の許可制とした国会法の規定（57条1項）そのものが制度上問題であり（杉原・前掲書305頁，浜田・前掲論文115頁，野中・前掲論文19頁，山本悦・前掲論文144頁，佐藤・前掲論文12頁），これを改め，本会議同様，公開原則を明記することが求められる（拙稿「国会の情報公開」浦田賢治ほか編『いま日本の法は・第3版』〔日本評論社，2001年〕193頁）。この点，憲法の要求は本会議のみであり，委員会は少数で実質審議を自由率直に行わせる趣旨から見て非公開も差し使えない旨の見解（伊藤・前掲書458頁）はとうてい同意できない。

　結論としては，「会議公開の原則が委員会を含めた両議院の会議対に及ぶとした上で，事情に応じて非公開とするほうが憲法57条，結局は憲法43条の国民代表の観念や憲法21条の国民の知る権利の趣旨に合致する」（山本悦・前掲論文144頁）という指摘が適切，妥当である。国会の委員会は本会議とともに57条に定める公開原則に含まれていると考えられるのである。

(3) 地方議会の委員会の公開

　地方議会の公開も国会の場合と同様あるいはこれに準じて理解する必要がある。地方自治法151条1項が議会の公開を定めているが（委員会の公開については，委員会条例等で規定している），本会議だけでなく委員会についても原則として公開すべきとの意見が学説でも強くなりつつある（鈴木庸夫「151条」『基本法コンメンタール地方自治法・第4版』〔日本評論社，2001年〕125頁，室井力ほか編『新現代地方自治法入門・第2版』〔法律文化社，2002年〕230頁，地方議会運営委員研究会編『地方議会運営事典』〔ぎょうせい，2002年〕546頁，村上英明『市議会の委員会の傍聴を不許可にしたこと

が適法とされた事例」法政研究51巻2号〔1985年〕188頁。また，兼子仁『新　地方自治法』〔岩波書店，1999年〕131頁も地方自治法の上記条文中の「会議」は本会議だけという解釈は問題である旨指摘している。なお，上脇・前掲論文32頁は，憲法上の傍聴の権利の観点から一般市民の傍聴は原則として届出制にすべきと述べる）。

　筆者は，国会法57条と同じように，地方自治法151条1項が定める地方議会の公開には，本会議だけでなく，委員会も含まれると解しているので，委員会の公開は地方自治法上の要請であり，委員会条例で委員会の公開が定められる場合には自治法と同様の公開原則が定められることが当然だと考える。また，自治体の会議公開は憲法57条や地方自治の本旨（92条）を踏まえたものであり，先にも指摘したように国会の公開が本会議だけでなく委員会も含むものと憲法上（57条1項）解釈されなければならないとするならば，委員会の公開は法律上の制度としてだけでなく憲法上の制度としても理解する必要がある。大阪地裁判決は，地方議会については，本会議の公開は憲法の前記条文の趣旨から憲法上要請されているが，委員会は地方議会における最終意思決定機関ではないから委員会の公開は憲法上の制度として保障されない旨指摘しているが，憲法解釈を誤まっていると言わざるを得ない。

　結論から言うと，地方議会の委員会は，本会議同様その公開原則が憲法上も，地方自治法上も制度として要請されていると考えられるのであるから，今井氏の傍聴申請を不許可とした今回の事案も含め，委員会を原則非公開とし，委員長により記者クラブの記者だけを排除する一方，その他の市民やジャーナリストを排除してきた大阪市の委員会条例の規定とその運用は憲法や地方自治法に定める公開原則の趣旨にそぐわず，これに反した違憲・違法なやり方と言わなければならない。その点で，大阪市の制度と運用を是認し，委員会の公開原則を退けた大阪地裁と大阪高裁の判断は正当とはいえない。

　なお，一審判決は国会も地方議会も本会議と異なり委員会の公開を憲法上の制度としては保障していないとしつつも，住民が地方議会の委員会の傍聴する自由も本会議と同様憲法21条の派生原理として情報等に接し，摂取する自由として認めるとともに，報道機関の傍聴する自由も取材の自由の派生原理としても認め，ともに憲法上の自由に基礎付けた司法判断は一定評価されてしかるべきである。しかしながら，このような傍聴の自由は他者の人権や

公共の利益の観点から合理的制限を認め，委員会の傍聴を原則非公開としつつ，その拒否の判断を委員長の広範な裁量に委ねたことは，表現の自由と知る権利，取材の自由という憲法上の権利を安易過剰に制限するものであり，許されない。

　大阪市の制度とその運用に対しては，知る権利の観点からすれば，委員会への傍聴について，恣意的で不当な傍聴拒否等がなされる場合には，妨害排除的な形で具体的な救済が受けられてしかるべきである（佐藤・前掲論文12頁）。大阪地裁の判決は委員長に広範な裁量権を付与して，記者クラブ所属の記者以外の市民やジャーナリストに対して一律全面的に傍聴を拒否するのであるから，表現の自由と知る権利，また取材の自由を侵害し，不当な差別にあたることにもなる（小倉一志「市議会委員会傍聴不許可処分と憲法21条・14条」『平成19年度重要判例解説』ジュリスト1354号〔2008年〕19頁は，本来「厳格な合理性」の基準に基づかなければならないのに，緩やかな合理性判断を行っている本判決は21条〔表現の自由〕のみならず，14条〔法の下の平等〕の観点からも問題があると述べているし，上脇・前掲論文32頁は，傍聴の原則禁止とフリージャーナリスト排除の先例は，自由率直な審議確保という立法目的がたとえ正当であったとしてもその達成手段は必要最小限度を超える規制であり，憲法にも地方自治法にも違反すると指摘している）。

おわりに――委員会公開に向けたジャーナリズムの役割

　以上の検討から，委員会の公開はあらゆる意味で当然であり，それを妨げる理由も見出せないことから，委員会の公開を原則非公開としつつ，記者クラブ所属の記者のみ委員長の許可で傍聴を認め，それ以外の市民や記者，ジャーナリストを全面的に排除する大阪市議会の制度と運用は正当とは言えず，それを是認した大阪地裁と大阪高裁の司法判断も納得しがたいと言わなければならない。

　議会の公開は民主主義の要とも言える意味をもつものであり，現代議会の中で審議の中心を担っている委員会は本会議とともにまさにその公開が不可欠である。委員会の公開は日本の民主主義を広げ，深める重要な位置を占めているのである。

そうだとすれば，ジャーナリズムは自ら積極的に委員会を傍聴し，取材を進め，それを報道し，分析するだけでなく，委員会の公開を進め，民主主義を広げる先頭に立つことが求められる。委員会の公開は，記者クラブの記者だけが許可を得て確保されればいいということではまったくない。国民主権の担い手であり，知る権利や表現の自由の行使者でもある市民や記者，ジャーナリストがこれと対等な立場で傍聴の自由を享受できる公開原則が委員会にも確立，徹底されなければならない。このことが議会の民主主義を広げ，審議や議会の取材や報道を多様で豊なものにしていける保障となるのである。
　委員会の公開はその意味で民主主義の試金石であると同時に，ジャーナリズムの試金石でもある。大阪市の記者クラブ（市制記者会）とその加盟社は，委員会を原則非公開とし，委員長の許可で記者クラブ所属記者だけ傍聴を認め，他の市民やジャーナリストを排除する大阪市議会の制度と運用をジャーナリズムの立場から敢然と批判し，公開原則に向けて徹底した報道やキャンペーンを繰り広げ，議会にも働きかけていくという姿勢も行動も感じられないのは残念というほかない。
　委員会の公開というジャーナリズムの試金石は，この国のメディアになお重い課題として残されたままになっている。

（たじま・やすひこ）

第4章
各自治体の委員会傍聴の実態

今井　一

1　他の先進的な自治体を見習うべし

　他の自治体の委員会傍聴の実態を簡単に紹介する。
　別表（次頁）の通り八王子市，立川市など東京都下の26市は，いずれも委員会の傍聴を公開している。表中の［公開］という表記は，地方自治法第115条（1．普通地方公共団体の議会の会議は，これを公開する。）に準じて制定された委員会条例に基づき，その都度委員長に許可を得ることなく傍聴ができるところ。
　一方，「制限公開」という表記は，委員長および委員会の許可を得て傍聴する制度のことを指すが，この場合でも大阪市のように「先例」を理由に記者クラブのメンバーしか傍聴させないとか，市民やジャーナリストを締め出すなどといったことはなく，原則として傍聴申請をした者は誰もが許可されている。つまり，席数以上の傍聴希望者が現れた場合，「抽選」で決めるか「先着順」とするかなどルールに多少の違いはあるものの，いずれも委員会傍聴が制度として認められているということだ。
　それは，東京23区においても同様で，傍聴不可の議会は一つもない。ここでは目黒区の「目黒区議会委員会傍聴規程」を掲げておく（**資料F**）。

東京26市の委員会の公開／非公開及び傍聴関係

	公開制	傍聴席数	傍聴規則の有無
八王子市	公開	委員会の規模により7～40席	有
立川市	公開	25席	有
武蔵野市	制限公開	30席	有
三鷹市	制限公開	委員会において収容可能な席数の範囲内で対応	無
青梅市	制限公開	5席	無
府中市	制限公開	18席	無
昭島市	公開	約8席	有
調布市	制限公開	4委員会室で約40席 省庁状況(説明以上の人数等)により、人数に変更あり	無
町田市	公開	30席	有
小金井市	公開	40席	有
小平市	公開	30席	無(要綱あり)
日野市	制限公開	決まっていない	無
東村山市	制限公開	20席	有

	公開制	傍聴席数	傍聴規則の有無
国分寺市	公開	約40席	有
国立市	公開	30席	有
福生市	制限公開	5席	有
狛江市	制限公開	15・21席(委員会室の規模による)	無(準用)
東大和市	制限公開	決まっていないが概ね16席	有
清瀬市	制限公開	30席	有
東久留米市	公開	15席	有
武蔵村山市	制限公開	25席	有
多摩市	公開	15席	有
稲城市	公開	30席	有
羽村市	公開	最大15席	無
あきる野市	制限公開	10席	無
西東京市	制限公開	第1・第2委員会室15席 第3委員会室17席	有

※公開………法第115条に準じ委員会条例で規定されている。
　制限公開…委員長及び委員会の許可制による。

【資料F】

目黒区議会委員会傍聴規程

（平成十三年三月二十一日目黒区議会告示第二号）

（趣旨）
第一条　この規程は，目黒区議会委員会条例（昭和三十四年十一月目黒区条例第十七号）第十六条第二項の規定に基づき，目黒区議会の委員会の傍聴に関し必要な事項を定めるものとする。

（傍聴の申込み）
第二条　委員会を傍聴しようとする者は，議会事務局に申込書を提出し

なければならない。
（傍聴人の入場）
第三条 傍聴人が入場しようとするときは，議長が指定する職員の指示に従わなければならない。
（傍聴人の数）
第四条 傍聴人の数は，委員長が決める。
（傍聴することができない者）
第五条 次の各号のいずれかに該当する者は，傍聴することができない。
  一 銃器その他，人に危害を加えるおそれがある物を携帯している者
  二 酒気を帯びていると認められる者
  三 張り紙，ビラ，掲示板，プラカード，旗，のぼり，ヘルメットの類を携帯又は着用している者
  四 ラジオ，拡声器，無線機，マイク，録音機，写真機，撮影機の類を携帯している者。ただし，第七条の規定により，撮影又は録音することにつき委員長の承認を受けた者を除く。
  五 その他議事を妨害し，又は人に迷惑を及ぼすおそれのある物を携帯している者

（傍聴人の守るべき事項）
第六条 傍聴人は，次の各号に掲げる事項を守らなければならない。
  一 帽子，マフラー，オーバーコートの類を着用しないこと。
  二 飲食又は喫煙をしないこと。
  三 鉢巻，たすきの類をする等示威的行為をしないこと。
  四 委員会室における言論に対して拍手その他の方法により可否を表明しないこと。
  五 他人に迷惑をかける行為をしないこと。
  六 その他委員会の秩序を乱し，又は議事の妨害となるような行為をしないこと。

（撮影及び録音等の制限）
第七条 傍聴人は，委員会室において撮影し，又は録音しようとするときは，あらかじめ委員長の承認を受けなければならない。
（違反者に対する措置）

> **第八条** 傍聴人がこの規程に違反したときは，委員長はこれを制止し，その命令に従わないときは，これを退場させることができる。
> **付則**
> この規程は，平成十三年四月一日から施行する。

では，大阪市（議員定数89）と同じ近畿の政令指定都市である神戸市（同72）の場合はどうなのか。

―――――――――――――――――――――――――
　　　　［神戸市議会ホームページの記載より　08年3月18日にアクセス］
委員会日程
●常任委員会：
総務財政委員会：3月24日（月）
　　　　　　　　午前10時00分〜第1委員会室（傍聴定員40名）
文教経済委員会：3月21日（金）
　　　　　　　　午前10時00分〜第4委員会室（傍聴定員15名）
福祉環境委員会：3月21日（金）
　　　　　　　　午後1時00分〜第1委員会室（傍聴定員40名）
建設水道委員会：3月21日（金）
　　　　　　　　午前10時00分〜第3委員会室（傍聴定員15名）
港湾交通委員会：3月21日（金）
　　　　　　　　午前10時00分〜第2委員会室（傍聴定員15名）
都市消防委員会：3月24日（月）
　　　　　　　　午前10時00分〜第2委員会室（傍聴定員15名）

●特別委員会：
外郭団体に関する特別委員会：
大都市税財政制度確立委員会：
都市活力の創造に関する特別委員会：
　3月25日（火）午前10時00分〜第1委員会室（傍聴定員40名）
―――――――――――――――――――――――――

※日程は，変更になることがあります。
※本会議及び委員会は傍聴できます。
　傍聴の受付は，会議の始まる1時間前から市役所1号館25階の市会事務局で先着順に定員まで行ないます。

　例えば，総務財政委員会や福祉環境委員会が行なわれる第1委員会室の場合，41の議員席，30の理事者席に対して40の傍聴者席が設けられており，市民はもちろんのこと記者クラブに所属していない報道者も，以下の傍聴整理簿（傍聴申請用紙）に住所や氏名を記しさえすればこの席につくことができる。

```
　　　　　　　　　傍　聴　整　理　簿
会議名：＿＿＿＿＿＿＿＿＿＿＿＿＿　（開催日）平成19年10月26日
氏　名：　　　　　　　　　　　　TEL　（　　）　―
※　統計整理上必要ですから，該当する区分に○をつけてください。
1．住所│東灘区│灘 区│中央区│兵庫区│北 区│長田区│須磨区│垂水区│西 区│市 外│
2．年齢│〜19歳│20歳代│30歳代│40歳代│50歳代│60歳代│70歳代│80歳以上│
◎記入が済みましたら，机上の箱『傍聴整理簿入れ』へご投函ください。　　No.
```

　各地には，大阪市同様の閉鎖的対応をしている議会がまだいくつもあるが，［委員会公開＝傍聴可］の流れは確実に広がりつつある。ここでは，その先駆的な役割を果たしてきた東京都国立市（議員定数24）の例を紹介する。

2　委員会傍聴を進める市民の運動

　国立市では市民が本会議や委員会を傍聴することを市側が積極的に奨励している。人口規模でいうと大阪市の3％にも満たない同市だが，委員会（8人で構成）の傍聴者用に30もの席を設けている。そして，この数を上回る人々が傍聴を希望した場合，傍聴者が互いに席を詰め合ってさらに数席分の傍聴者用のスペースを作り，そこに傍聴希望者を招き入れている。

議員の通信簿（現物は議員の本名が明示されている）

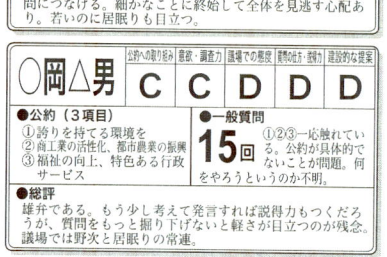

○山△夫	公約への取り組み	意欲・調査力	議場での態度	質問の仕方・迫力	建設的な提案
	C	C	C	B	C

●公約（3項目）
①教育－学力向上、道徳教育
②コミュニバス南ルート開設
③矢川・谷保駅エレベーター設置

●一般質問 15回 ②③満遍なく複数回質問。①については部活動についての質問。

●総評
情報収集に積極的で地域の活動にも熱心。それを議会の質問につなげる。細かなことに終始して全体を見逃す心配りあり。若いのに居眠りも目立つ。

○川△美	公約への取り組み	意欲・調査力	議場での態度	質問の仕方・迫力	建設的な提案
	A	A	A	B	B

●公約（3項目）
①地区計画・都市計画の提案を支援し、景観をまもる
②子育て支援、高齢者・障害者支援
③学校をともに支えあう学びの場にかえる

●一般質問 15回 ①は多数回　②③複数回。ごみ問題、アスベスト問題にも複数回言及。

●総評
全てに真剣に取り組み、特に環境問題に意欲あり。課題の視点を外さぬ質問で説得力を得るが、要望に留まるのは与党の限界か。説得力欲しい。

○岡△男	公約への取り組み	意欲・調査力	議場での態度	質問の仕方・迫力	建設的な提案
	C	C	D	D	D

●公約（3項目）
①誇りを持てる環境を
②商工業の活性化、都市農業の振興
③福祉の向上、特色ある行政サービス

●一般質問 15回 ①②③一応触れているが、公約が具体的でないことが問題。何をやろうというのか不明。

●総評
雄弁である。もう少し考えて発言すれば説得力もつくだろうが、質問をもっと掘り下げないと軽さが目立つのが残念。議場では野次と居眠りの常連。

○野△男	公約への取り組み	意欲・調査力	議場での態度	質問の仕方・迫力	建設的な提案
	C	C	D	C	D

●公約（3項目）
①市全域にコミュバスを、駅周辺の環境整備
②在宅介護、高齢者福祉
③青少年の育成、20人学級

●一般質問 15回 ①については多数回　②についても複数回質問あるも20人学級は無い。

●総評
地元の要望には真剣に取り組み、傍聴の支持者にアピールも忘れない。時に大声で怒鳴ったりするが結果に結びつくか疑問。居眠り野次も常習。

○木△子	公約への取り組み	意欲・調査力	議場での態度	質問の仕方・迫力	建設的な提案
	A	A	C	B	C

●公約（3項目）
①子どもの権利条約に沿った教育
②障害者、高齢者が生き生き暮らせるまち
③女性が安心して暮らせるまち

●一般質問 15回 ①②に関連した質問は毎日。人権問題も4回とりあげ。1回の質問項目が多すぎるのではないか。

●総評
行動的で情報量豊富。教育と福祉が中心質問。障害者支援に取り組むアピール巧者。質問の多くを市長非難に費やすのは聞き苦しく時間の無駄。

○田△郎	公約への取り組み	意欲・調査力	議場での態度	質問の仕方・迫力	建設的な提案
	C	B	C	B	C

●公約（3項目）
①商店街活性化、駅前整備
②公教育への学校選択制、防犯施策の充実
③完全リサイクル型社会の実現

●一般質問 10回 ①②については複数回　③より市民の市政運営に対する批判が多いように見える。

●総評
時に鋭く問題点を指摘。物怖じしない論客だが政策論争よりも市民糾弾は議論の場として本末転倒。特に野次誘導や扇動、高笑いは見苦しい。

　また，私のようなフリーランスのジャーナリストに対しても記者クラブ所属の報道者と同様に取材をする自由を認めており，クラブ所属でないことを理由に委員会傍聴を断った事例は過去に一件もない。
「当然のことです。市民やジャーナリストの厳しいチェックがなければ，行政や議会は必ず腐食していきますから」。
　上原公子前市長はそう話す。なるほど，確かにわが大阪市は腐ってしまった。
　2006年の夏，その国立市に議会傍聴を進めようという市民グループ『くにたち市議会を見ていく会』が発足した。この会が11月15日に創刊した会報（『傍聴席から』）には，会を立ち上げた理由がこう記されている。
「議場に議員，行政，市民がいてこそ議会は本来の機能を果たす事が出来るのではないでしょうか。市民がその場に参加することは，ある意味で市民がなすべき責任の一つであるとも思います。『くにたち市議会を見ていく会』

はこのような考えを持つ人たちが集まり，去る8月に発足しました」。

この会は，仲間同士で手分けして本会議のみならず各常任委員会，予算・決算委員会に足を運び，そのすべてを傍聴している。そして，傍聴を通して議会や各議員にさまざまな評価を下し公表しているのだが，その際，必ず情報公開で取得した議事録や録音テープを丹念にチェックしている。つまり，傍聴席で費やした何倍もの時間をかけて各人の発言を正確に把握しているのだ。

会の代表を務める下平孟功さんはこう話す。

「傍聴して終わりということじゃないわけで，これはもう大変な時間と労力がかかります。でも，私たちの評価に対する信頼度を高めるために，こうした作業はどうしても欠かすことができません」。

そのような活動の結晶といえるのが，4年に一度作成して公表する「**議員の通信簿**」（別表）だ。

評価項目は，［1．公約への取り組み　2．意欲・調査力　3．議場での態度　4．質問の仕方・説得力　5．建設的な提案］の五つで，個々の議員の政治的立場により評価が左右されることはなく，通信簿の作成に携わるメンバー全員の不偏不党，客観的意見の一致による評価としている。その証拠に，「駅舎問題」など重要な政治課題について，たとえ評価者と意見が違っていても，第2項や第4項でA評価を得た議員もいる。

2007年3月，会はこの通信簿を『傍聴席から』特別号に掲載し，4500部を印刷して市民に配布した。その反響は大きく，4月の市議会議員選挙では，

この通信簿を参考にして投票する候補を決めた市民が少なくなかったという。また，議員にも影響を与え，私語や居眠り「竹踏み」の類は減少し，評価を気にして質問に工夫を凝らす議員も出てきた。

　ある女性議員はこう話す。

　「あの通信簿はよく出来ていて，記された各議員への評価は私のも含めて9割がた当たってますね。かなり丹念にチェックしないとあれだけ正確な評価は出来ません。今やたいていの議員は通信簿を少なからず意識して行動するようになっています」。

　通信簿を載せた『傍聴席から』の最終面にこんな一文が記してあった。

　「議会傍聴という行為は，簡単にできる市民参加の第一歩であり，行使した一票への責任の取り方でもある。……この通信簿にオールAが並んだときこの会の役目も終わる」。

　なるほど，「くにたち市議会を見ていく会」の目的は，特定の政党や候補への批判・支援ではなく，議会全体の水準向上なのだ。

　たいていの人は選挙の投票日のみ主権者となっているだけだが，私たちは本来365日ずっと，主権者として政治参加や行政監視を続けなければならない。「見ていく会」はここで紹介した活動を行なうことによって常に主権者であり続けている。まさに市民自治の鑑だといえる。

　とは言うものの，仲間と共にすべての委員会傍聴を行ない，協議・検討して議員の「通信簿」まで出すのは容易なことではない。仕事もあるし，たいていの人は自分ひとりでときおり足を運ぶのが精一杯だろう。しかし，近年，こうした傍聴運動を進める市民グループが，フロントランナーの「相模原市議会をよくする会」をはじめ全国各地に次々と誕生し実績を上げている。また，より多くの市民の傍聴を可能にすべく土日や夜間に会議を開く議会も増えつつある。

　欧米に比べるとまだまだ遅れているが，ようやくこの国でも傍聴の意味や意義を理解し行動する人が増えてきたということだろう。だとすると，やはり大阪市の「傍聴拒否」は世間の流れに逆らう非常識な姿勢だと言うしかない。大阪市は，他の先進的というより常識的な自治体の傍聴実態を見習うべきだ。

（いまい・はじめ）

第5章

議会は誰のもの

上原公子 前国立市長

1 あふれる傍聴席

　1999年，2000年，国立市議会はいつも市民の傍聴者であふれかえっていた。80席ある本会議場に入りきれない市民は，議場の周辺に設けられた議員ロビーや職員の待機用に設けられた廊下状の空間，そして階下のロビーなどに設置されたそれぞれのモニターにかじりつく。

　1999年4月の統一市長選挙で，国立市民は既成政党や政治団体に依存せず，党派を超えた市民自身が選挙の担い手となる，まさに市民選挙を闘って市長を誕生させていた。市民が市長選に情熱を傾けたのは，まちの景観破壊のマンション建設ラッシュに歯止めをかけるためであったが，それは，市民自治の目覚めの選挙でもあった。1955年以来，実に44年ぶりの市民による市民自治実現のために闘った市民にとって，議会が市民の大きな関心事になったのは，当然のことであった。

　しかも就任早々，再び景観を損なう巨大マンション建設計画が浮上した。2002年12月の東京地裁で，「20メートル以上の部分の撤去命令」という歴史的判決を出したいわゆる「明和マンション」問題が起こったのである。建設会社明和に対し，高さを低く指導するよう願う5万人の署名を添えた陳情が9月議会に出されてから議会は連日多くの傍聴者が詰め掛けた。ちなみに国

立市の人口は当時7万人であったから，5万人という署名数は，当然国立市議会始まって以来の記録的な数である。そして議会傍聴もまた記録的なものとなっていた。

　一般的に市役所は，市民にとって手続きをする場所にしかすぎず，滅多に訪れることのない所である。ましてや議会は，陳情者が行くところであって，普通の市民にとっては程遠く，政治は特殊な人のするものというのが一般認識である。しかし，市民派の市長を誕生させることで大きな期待を持った市民にとって，「まちの政治」は政治家に任せることではなく，市民が議会を傍聴して監視していくことであるということに代わっていったのであった。

　「今度の議会，市長が大変なんですって。うちのお父さんが傍聴に行かなきゃて言ってたわ」こんな会話が，巷の井戸端会議で交わされるのが，国立の新しい風景ともなった。

　当時，議会の正副議長，委員会の正副委員長は，いずれも私と対立する会派，いわゆる野党から出ていた。議会や委員会の開催権や進行権は議長や委員長にある。従って規則や先例といった議会の運営ルールはあるにしろ，会議は長の裁量によってかなりコントロールされる。議会の議長裁量権は，使いようによっては絶大な権力になりうるものである。

　私の市長時代，国立市議会においてはこの権力行使による信じ難い出来事が日常茶飯事であったため，皮肉にも結局市民はますます議会から目が離せなくなり，傍聴者があふれることにより，「まちの政治」が一層市民に近いものになっていったのである。

　しかし，公平であるべき議長が，まったく偏った采配を振るう野党の議長だからといって，傍聴者を制限することはない。議場に設置された傍聴席は，急傾斜の階段状になっているため，ぎゅうぎゅう詰めの立ち見は危険であるが，傍聴席を少々オーバーしても，追い出すこともない。これもまた，国立市議会の風土である。

2　市民自治の歴史

　国立市は2007年現在，人口が7万3000人，議員の定数は24人。東京都下27

市の中では小規模の市である。にもかかわらず，本会議の傍聴席は80席，委員会の席は30席。東京都の中でも，人口比からすれば傍聴席数はトップクラスにある。では，国立市議会の「市民の傍聴権は妨げず」という民主的風土は，どのような経緯で作られたのであろうか。

　国立市が市民自治のまちとしてその歴史を重ねてきたのは，戦後間もない1951年に始まった「文教地区指定運動」を起源としている。
　国立は，堤康次郎氏が大正末期に理想の学園都市建設をめざし，一橋大学や国立音大を誘致して開発したまちである。ところが50年に朝鮮動乱が勃発すると，隣の立川町（現立川市）は朝鮮出兵のため米軍基地の米兵が増強され，立川町は未曾有の景気で賑わうようになり，その余波は国立町にも及ぶようになった。ついに静かな学園都市に米兵相手の売春婦が街角に立ち，飲食店やラブホテルが次々にできる事態に至ったのである。学園都市の環境破壊に危機感を持った市民は，文教地区指定をすることで歓楽街の進出を阻むことを求めて立ち上がった。「開発」か「環境」かのまちづくりの方向を巡って，まちは真っ二つに分かれての大論争が起こった。新聞紙上を賑わす激しい運動の展開に，国会議員が視察に来るほどであった。
　当時の記録によると，「議会の傍聴は早くから満員，立錐の余地もない有様。あるものは議場のある二階の窓に近接した樹木の上に登って，議場を覗き込みながら傍聴すると言う，すさまじい有様だった」。その時議会証人に立った市民の発言は，当時の国立市民の自治認識がいかに高いかを示すものである。「町の政治は住民がするのであり，議会を云々するのはいけないという事は新しい自治法の方針に根本から反するものである。住民は町と議会を監視して，実際の政治は住民がするのであります。議会人はその代弁者に過ぎない」。
　この発言の通り，52年に市民の力で「文教地区指定」を勝ち取ることにより学園都市の環境を守ることを選択した国立市民は，その後もまちの環境侵害が起こるたびに立ち上がり闘ってきた。1977年初めて策定した「基本構想」で，「市民は，自分の住むまちを，どのようなまちにするかについての権利と義務をもっている。国立市は，市民の参加をえて，市の発展と方向と規範を定めようとする」とし，これをまちづくりの伝統とした。したがって，

国立の「まちの政治」は、市民参加が当たり前であり、それは、当然開かれた議会を前提とした。
　こうした国立市民の市民自治の闘いは、歩道橋設置を争った日本初の「環境権裁判」でも発揮され、市民の誇りとして明和マンション建設を巡る「景観権裁判」へと受け継がれていくのである。

3　議会傍聴は主権者の権利

　憲法には、「地方自治の基本原則」として第92条に「地方自治の本旨に基づき」と書かれてある。「地方自治の本旨」とは「住民の意志により地方自治体の運営は決められる。地方自治は民主主義の学校」というのが、一般認識である。つまり、民主主義確保のため、市民自身が不断の努力をし、試行錯誤をしながらまちのルールを作っていくことが自治の本旨である。議会は、市民が決めたそのルールを最終的に決定していく場にすぎない。
　国立市民は、一方的に議会に議論を預けるのでなく、間違いなく市民自治獲得のために自らが運動し続けた。議会はそんな市民の意思に応える努力をせざるを得なかった。議会の公開についての詳細な歴史は分からないが、はじめから公開性の高い議会が存在したのではなく、市民が議会に関わる事例を通して1歩づつ議会の公開性を高めてきたに違いない。
　議会の傍聴に関するルールについては、「国立市委員会設置条例」に規定してあるが、「国立市議会先例集」によれば、「住民要望を受けて、昭和30年10月1日から、会議規則で委員会を公開とすることを規定」したことが分かる。
　その議会の傍聴規則では、「傍聴人は、傍聴人受付票により自己の住所および氏名を届け出なければならない」としているが、過去、届出をしなければ傍聴を咎められるということはなく、届け出は実質本人の意思に委ねられてきた。2005（平成17年）4月改正までは、傍聴人受付簿が議場入り口に置いてあって、傍聴人が自分の判断で記入をするようになっていたが、現在は個人情報保護の観点から、個人票を閉じられた箱に入れる形に改善している。また、「議長は必要と認めるときには傍聴人の数を制限することができる」の規定があるが、傍聴席数は定めていない。したがって積極的制限は設けて

いないことになる。傍聴席を上回る傍聴人が来たときは，危険防止のために，議場外のモニターで見るよう御願いするのみで，強制力を持って傍聴制限をすることはない。

　明和マンション景観問題で，傍聴者が大挙して押しかけると予測された時は，理事者と議員の席を詰めたりしながら，委員会等の椅子を可能な限り増やす努力をした。当然それでもあふれる傍聴者のために，モニターのある廊下に新たに椅子を用意したこともある。椅子が一杯だからといって傍聴することを引き下がる市民でもないし，そのことで無益な混乱を避けるのも，議会の常識となっている。

　議会関係だけでなく，市長の諮問機関である各種の審議会も，慣例としてまず会議開催前に公開にするかどうかを審議員に諮っていたが，私が市長になってからは，原則公開であれば，非公開時のみその理由を説明することにし，公開にするか否かの議論を事前にすることをやめている。

　委員会の公開を規則で明記した1955年は，「文教地区指定」の3年後であり，文教地区指定運動後の最初の選挙で，文教地区派から町長が選出された年でもある。おそらく文教地区指定運動を経験して，市民自治に自信と希望を持った市民が，議会（委員会）の公開をルールとして明記させたのであろう。戦後復興からようやく立ち上がり，国立がまだ「町」の時代のことである。すでに国立市民は，議会傍聴は主権者である市民の当然の権利としていた。

4　大阪市会委員会条例は市民自治の侵害？

　大阪市の大阪市会委員会条例第12条の「委員会は，議員のほか傍聴を許さない。但し，報道の任にあたる者，その他の者で委員長の許可を得たものについては，この限りではない」という規定を見て，二重に驚いた。

　まずは，今時，議員しか傍聴させない委員会が存在することの驚きである。今時とは，情報公開がここ数年は大きな話題であったし，むしろ各自治体は情報公開度を競っている。情報公開は市民参加とセットであり，地方自治には必要不可欠なものである。そして，情報公開度は透明性の高さのバロメータであるからである。

二つ目の驚きは，主権者である市民を締め出しながら，報道関係者の傍聴は許されるということである。もし傍聴に優先順位があるとすれば，まずは主権者である市民が先に認められるべきであろう。
　このようなことが国立市議会で行われたら，市民は「市民自治の侵害」「主権者の権利侵害」と言って猛然と怒るであろう。

　フリーランスのジャーナリストである今井一氏の傍聴をめぐる，損害賠償事件の大阪地裁の判決は，国立市民の主権者としての議会傍聴権利の常識から見れば，信じがたい内容である。
　判決文にいうように，委員会の位置づけは，「本会議における審議を充実させ，適切な表決を迅速に行うことを可能にするため」であるがゆえに，委員会では，「意を尽くした議論ないし意見陳述がされ，十分な審査および調査がされる必要がある」。したがって通常，本会議での議論は委員会に委ねていることを理由に，議論を繰り返さないように簡略化されている。主権者側からすれば，本会議のセレモニー化されたものを見ることは意味がなく，十分に議論をする委員会こそが重要なのである。さらにこの判決での「自由かつ率直な審議の場を確保してその審査および調査の充実を図る必要があり……住民の委員会を傍聴する自由が制限を受けることになってもやむを得ない」という判断の理由からすれば，市民は「自由かつ率直な審議の」阻害と言うことになる。
　委員長には，確かに議事進行権と整理権が付与されているが，明らかに議事が侵害されると客観的にも判断されたときの進行上の権限であって，主権者である市民を最初から審議の阻害とみなし，市民の知る権利を排除する権限までは与えられていない。むしろ，議員は市民から選ばれ，議員である委員長は市民を代表して審議を尽くす役割を担っている以上，市民の権利を守ることを第一義に判断すべき存在である。
　本文の2で示した文教地区指定の際，国立市民が議会証人として述べたように，市民の傍聴，監視が必要なのは，議会を勝手に暴走させないためである。市民は，議員にすべてを白紙委任しているわけではない。だからこそ，議員が主権者の代弁者として市民に成り代わり議論をしているか，市民は傍聴して自ら確認する必要があるのである。そして代弁者たる議員は，市民の目の前で，堂々と議論を展開する義務を負っている。市民がいては，自由闊

達に議論ができないとしたら，それは議員の資格がないというべきである。主権者が市民であり，議会は市民のためにある以上，密室は許されない。

しかも，判決のように「会議場の場所的制約の下において，報道機関をそれ以外の一般住民に優先して，すなわち，これら住民の委員会の会議を傍聴する自由の制限と引き換えに，傍聴させる取り扱いをすることの合理性を肯定することができるので」，住民の傍聴制限が許されるとしたら，それはとんでもない過ちを犯す恐れがある。

まずは，場所的制約が，市民排除の要因のひとつであれば，それは単に怠慢を理由にしているに過ぎない。場所が狭ければ広くすればよいことである。委員会室は，議員と理事者席を動かしがたいほどに狭い部屋なのか。はたまた大阪市役所は，改善の余地のないほど手狭で，委員会室を広くすることで他の場所が狭くなり，市民に多大な迷惑をかけることになるのだろうか。もしくは，レイアウトを少々手直しするための予算すら取れないほどに，財政が逼迫しているのだろうかと疑りたくなる。国立市議会では，会派の議員の人数が変わるたびに，お金をかけて人数に応じて議員控え室の壁を動かしている。国立市は，大阪に比べはるかに予算規模は小さく，財政は大変厳しい。かといって，議員が議員控え室の壁を動かす予算に文句を言ったことはない。大阪市議会の議員控え室が，どのようなルールで配分されているかは知らないが。

また密室の中で行われたことを，信頼に足りうると称する報道機関であれ，一方的的報道で市民が情報を知ることの危険性は，裁判官も指摘している通りである。なぜなら，一般的に新聞等が報道するのは，審議のほんの一部に過ぎず，全容は分からない。しかも，記事として報道するかどうかの裁量は各社に委ねられているし，必ずしもいつも複数の報道機関が傍聴しているとは限らない。報道されたものが，公平かどうかは市民が同席していなければ，比較できないものである。そもそも，いわゆるマスメディアがいつも善であるという前提は誤りである。国立市は，一部のマスメディアの偏った意図的な報道のために，さんざんに苦労をした経験を多く持つ。いわゆる「明和マンション問題」でも，改ざんに近い内容を大手のテレビ局がニュースで報道したことがあり，私や市民は裁判でその報道がいかに悪質であるかを陳述したことがある。

歴史の中でも，マスメディアが戦争を煽る役割を繰り返してきたことは，

周知の事実ではないか。近年では，イラクに自衛隊が派遣された際，マスメディアは政府と報道協定を結んでしまい，政府発表という一方的情報でしか記事が書けなかった。しかも，現地が危険とみなした途端，マスメディアの記者は退去を余儀なくされた。我々国民は，このときほど，危険を覚悟で潜入するフリーランスジャーナリストの存在の重要さを感じたことはない。

　要するに，マスメディアであれ，フリーランスのジャーナリストであれ，どの報道が正しいかの判断は，市民が選択する以外ないのである。だからこそ，情報は多様な目で集めた方がよいのだ。限定されたメディアの傍聴しか認めないのは，市民にとって，大きな不利益である。

　ちなみに，国立市議会での報道機関の傍聴は，委員長の許可は必要だが，すべて平等の扱いをしている。しかも報道関係者については，「あらかじめ議長に届け出なければならない」としているだけで，席数や場所の特定もない。ただ，本会議場には実際には車椅子傍聴者と兼ねた記者席があるが，一般傍聴席にいてもかまわない。委員会では記者席は特別に設けてなく，一般市民と同じ席につく。

　議会の傍聴を認めるか否かは，まさに市民自治の問題であり，他の自治体に属するものが口出すことではない。すべて，市民の選択の問題である。大阪市民が，委員会の傍聴ができないことに異議がなく，改善の必要がないというのであれば，それも議会ではなく，あくまで市民の判断に委ねられることである。しかし，権利として裁判に訴えられ，問題が指摘された以上，大阪市議会は真摯に受け止め，議会の公開性について市民に問う義務が発生した。これ以上の放置は許されない。また，大阪市民は，自分達の主権者としての権利が侵害されていることに気がつくべきである。たった一人の権利であろうと，異議申し立てがあったのであるから，すぐに議論を始めなければならない。

　権利は市民が勝ち取っていくものである。そして，議会は市民のものである。

　憲法第12条　この憲法が国民に保障する自由及び権利は，国民の不断の努力によってこれを保持しなければならない。

（うえはら・ひろこ）

第2部

会議公開と記者クラブ

第6章

委員会傍聴に関する公開質問状とその回答

今井　一　ジャーナリスト

　編著者の1人である今井及び「大阪市会における委員会の傍聴実態を考える会」は，大阪市会が大阪市政記者クラブに所属の記者の傍聴のみを許している運用とそれに対する考え方についての見解を公開質問状の形で同記者クラブに所属する新聞・放送各社と大阪市長に対して訊いた。それらの公開質問状とそれに対する回答を紹介する（回答をテキスト化して掲載）。

　なお，市政記者クラブ所属記者は，23社，65名である（2004〔平成16〕年10月1日現在）。以下，会社名を掲げる。朝日新聞，毎日新聞，読売新聞，産経新聞，日経新聞，共同通信，時事通信，ＮＨＫ，朝日放送，毎日放送，関西テレビ放送，讀賣テレビ放送，大阪日日新聞，日刊工業新聞，日本工業新聞，中日新聞，神戸新聞，夕刊フジ，ラジオ大阪，テレビ大阪，ジャパンタイムズ，奈良新聞，京都新聞。

1　報道各社あて公開質問状①

【2005年3月17日付　今井から編集局長，報道局長など報道セクションの責任者宛に差し出した公開質問状】

2005年3月17日

23社の編集局長，報道局長など報道セクションの責任者宛

公開質問状

各　位
前略
　この質問状は，大阪市政記者クラブに所属する23社の編集局長，報道局長など報道セクションの責任者宛に送付しています。
　3月9日，午後7時，松浦米子氏と私は大阪市政記者クラブに伺い，クラブ宛の公開質問状〔同封資料A──省略〕を幹事社の記者（『共同』木倉大輔氏）に手渡し，一週間以内の回答を求めました。そして，翌朝，木倉氏より電話をいただきました。
「文書回答はしません」
（「なぜ？」）
「義務はないでしょう」
（「じゃあ口頭で」）
「モニターで傍聴することができます」
（「それでは回答になっていない」）
「回答しています」
（「文書できちんと回答していただきたい」）
「文書回答はしません」
　貴殿らは，情報公開の必要性や主権者の知る権利の大切さを事ある毎に説き，この間，白日の下に晒されつつある市当局，議会，労組の「悪しき先例や慣例」について厳しく指弾しています。にもかかわらず，市政記者クラブ所属の記者のみ傍聴が認められ大阪市の主権者は傍聴を許可されないという悪しき先例については，自ら進んでこれを正すどころか，その事実をまったく報じず，私たち主権者からの質問にも答えようとしません。それでいいとお考えなのでしょうか？
　そのことを，市政記者クラブの記者諸君の上司であり，報道セクションの責任者である貴殿にあらためてお伺いしたい。
　小生は，今月23日にこの問題で大阪市を相手取り国家賠償請求訴訟を

第6章　委員会傍聴に関する公開質問状とその回答　67

起こすべく大阪地裁に提訴します。大変な時間と労力とお金を費やすことになりますが、お任せ民主主義から脱却するために主権者としてとらねばならない行動だと考え決意しました。貴殿らに公開質問状を差し出すのも同様の思いからです。
　貴殿らの勇気ある決断により、ジャーナリズムの良心を示し、大阪を再生させようという市民のやる気を引き出して下さい。
　今月24日までに文書にて回答を。なにとぞ宜しくお願い申し上げます。
草々

今井　一

【報道各社の回答】

今井　一　様
2005年3月24日
毎日新聞大阪本社編集局長
伊藤芳明

公開質問状への回答

　冠省

　大阪市議会の委員会審議などは、広く市民に情報を公開するのが原則と考えます。
　より開かれた市議会（委員会）であるべきなのは異論のないところで、毎日新聞社が委員会に対し、市政記者会加盟社以外を排除するよう働きかけたことはありません。
草々

2005年3月22日

今井　一　様

大阪日日新聞編集局長
佐伯健二

　3月17日付で質問状をいただきましたが，次のように回答します。

〈回答〉

　国民の知る権利や，地方自治における住民主権の観点からしても，住民が議会を傍聴することは望ましいことであり，地方自治体はそれを保障するべく努力するのは当然だと考えています。

以上

今井　一　様
　3月17日付でいただいた質問にお答えします。

　市民が市議会を傍聴することは，きわめて大事なことだと認識しております。傍聴のあり方を見直すかどうかの問題は，当該見直しを希望する市民と当該市議会との話し合いによって解決が図られるべきだと考えます。

日本経済新聞社大阪本社編集局
局次長兼社会部長　下山　明

2005年3月22日

ジャーナリスト
今井　一　様

朝日放送（株）
報道情報局長　福田正史

〈3月9日，市政記者クラブへの公開質問状に対する幹事社対応について〉

　謹啓，住民投票問題や行政問題に対する貴殿のご活躍には，常々頭の下がる思いです。
　さて，今回，大阪市の問題にかんする貴殿の公開質問状を拝読し，幹事社・共同通信の「文書回答はしません」「モニターで傍聴出来る」という答えは，〈市役所見張り番〉松浦米子さんと貴殿の問いに対する真摯で誠意ある回答になっておらず，ただただ驚くばかりです。
　確かに委員会の傍聴については市の判断も絡む問題です。しかし「市政の監視役」であるはずの記者クラブの幹事が，市民グループに対し，あたかも市側の代弁者のごとき発言をしたのであれば言語道断といわざるを得ません。弊社の市政クラブ担当者に再度調査させ，改めるべき点は改めるよう申し入れることに致す所存です。
　また，大阪市職員厚遇問題を話し合う3月11日の財政総務委員会で，一部議員が市民の傍聴を求め，市民も交えて押し問答になった件について，弊社は一部始終を放送しました。結局，委員会は賛成少数で傍聴を否決しましたが，この経緯を見ても，市政が大阪市民に開かれているとは言い難い状況にあることは確かです。
　市民の税金が無駄に使われた上，市民不在の施策を進めることは，もはや大阪市にとって許されないでしょう。こうした点を踏まえ，弊社報道としては，大阪市に対して積極的な市民への情報開示と，けじめを要求していく方針です。

今後共，ご指導，ご鞭撻の程，何とぞよろしくお願い致します。

以上

2005年3月24日

今井　一　様

朝日新聞大阪本社社会部長　大西信治

　拝啓　早春の候，時下ますますご清祥のことと，お慶び申し上げます。
　弊社編集局長あてに公開質問状をいただきましたが，大阪市政記者クラブに記者を派遣している社会部を職掌する小職が，代わって回答いたしますことをお許しください。ご質問の趣旨は，大阪市政記者クラブ所属の記者のみに傍聴が認められている大阪市議会委員会のあり方について，弊社の見解を問うものだと思います。以下に回答を述べさせていただきます。

【回答】
　大阪市議会に限らず，あらゆる議会に関しては傍聴の申し込み等があれば，原則公開すべきものと考えます。本来，主権者である市民が主役でなければならないのは当然ですし，大阪市議会側が「先例」を理由に市政記者クラブ所属の記者だけに公開している現状については，情報公開や透明性，住民参加が求められている時代状況なども踏まえ，改めるべきだと考えます。
　大阪市議会側が「委員会室が手狭」など理由に挙げている点については，同様の事情を抱えながら公開に踏み切っている他の自治体も少なくなく，傍聴を制限する理由にはならないと考えます。いずれにしましても，市議会の責任において情報公開の拡大に取り組む問題だと，認識しております。
　なお，ご質問のなかにあります「(傍聴を拒まれている) 事実を

まったく報じず」という部分につきましては，弊紙は3月10日付，同12日付，同24日付朝刊に掲載しており，ご指摘はあたらないと考えます。

　市議会のあり方も含め，大阪市役所問題の根は深く，体質の部分にまで及ぶ改革には時間がかかると思います。今後も報道に携わるものの責務として，問題に正面から取り組んでいきたいと思っております。ご指導，ご助言をお願いいたします。
　末筆ながら，ご自愛のほど，お祈り申し上げます。

敬具

平成17年3月24日

今井　一　様

ＮＨＫ大阪放送局報道部長
大宮龍市

拝啓　時下ますますご清栄のこととお喜び申し上げます。

　いただきました質問は市議会委員会の傍聴方法についてどう考えるかというご趣旨と拝察いたします。
　これにつきましては可能な限り市民や報道の便宜をはかる方向で実施されることが望ましく，その具体的な方法については市議会側が自主的に判断し，実施すべき問題であると考えます。

　以上お答え申し上げます。

敬具

2005年4月15日

今井　一　様

　3月17日付けの"公開質問状"につきまして，読売テレビといたしまして，次のとおり回答申し上げます。

　市会は，物理的に可能な限りすべての市民が直接に傍聴できるべきであると考えます。

　以上，回答させて頂きます。

読売テレビ　報道局部長
春川正明

2005年3月24日

今井一さま

読売新聞大阪本社
社会部長　谷　高志

　本社編集局長，河内鏡太郎宛に，お手紙をいただきましたが，河内に代わりまして返答します。

　大阪市をはじめ，地方自治体の情報公開は推進されるべきであり，議会および委員会審議の住民の傍聴申し入れについても，自治体は原則として，これに積極的に答えていくべきと考えています。これは従来からの一貫した考えです。

　申し添えれば，本紙だけでなく，報道機関，報道記者は，過去，情報

公開に消極的な公的機関に対し，結集して公開を迫ってきた歴史があります。

　これからも公的機関に真の情報公開を求めていくことに変わりはありません。

　以上，貴殿の質問に関し，回答します。

2　報道各社あて公開質問状②

【2007年4月4日付　「傍聴実態を考える会」から差し出した公開質問状】

大阪市政記者クラブ宛　公開質問状

2007年4月4日
大阪市政記者クラブ宛

　　　　　　　　　　公開質問状

　大阪市会は半世紀の長きにわたり，大阪市政記者クラブ（以下「貴会」と呼びます）に所属する記者にのみ，委員会の傍聴を許可する運用をしております。つまり，これは，貴会に所属していないジャーナリストは傍聴が出来ませんし，主権者である大阪市民でさえ傍聴を拒まれているということになります（ただし，2005年9月より試行措置として決算特別委員会のみ，10名に限って貴会非所属のジャーナリスト及び一般の市民の傍聴も許可するようになっております）。
　こうしたルールは，大阪市会の「先例」（添付資料A「大阪市会先例集」抜粋を参照のこと〔本書3頁の資料B〕）とされており，大阪市長や同市議会事務局もこの運用を追認しております。

これに対し，東京23区のすべての議会をはじめ神戸市議会や東京都国立市議会など，多くの自治体の議会では，誰もが自由に委員会を傍聴できるようになってきており（添付資料B〔本書50頁の表〕を参照のこと），このことからすると，大阪市会の上記ルールは，際立って異常なものと言えます。

　したがって，大阪市の運用は，憲法上の価値である「国民の知る権利」，や「報道の自由」及び「ジャーナリスト間の平等」のみならず，「市民自治」を著しく侵害しているものと考えざるを得ません。

　2年前，ジャーナリストであり，大阪市民でもある今井一氏は，本件の問題点を上記のように認識し，05年3月23日，大阪市を相手取って，委員会傍聴不許可処分に対する損害賠償請求訴訟を提起しました。同訴訟については，本年2月に大阪地裁で一審判決が言い渡され，現在控訴中となっております。

　本件提訴に先立ち，2005年3月9日に，今井氏は松浦米子氏と連名で，貴会に対し公開質問状を出しましたが，貴会の幹事会社の記者より「回答する義務はない」と電話で申し渡されるのみで，文書による回答は拒否されました（添付資料C〔本書66頁の公開質問状〕を参照のこと）。

　これまで，貴会に所属する報道者は自らの媒体により情報公開の必要性や主権者の知る権利の大切さを説き，市当局，議会，労組の悪しき先例や慣習について告発，批判してきました。にもかかわらず，貴会に所属する記者のみ傍聴が認められ，それ以外の者は傍聴を許可されないという自らが当事者となっている悪しき先例については，その事実を十分に報じず，自ら進んでこれを正そうとはしてきませんでした。

　そうした中，先日，本件訴訟の第1審地裁判決が出されましたが，同判決に関する各社の対応は，全く報道しないか，「原告敗訴」という事実を伝えるのみで，同判決に関する各社の見解，論評などを一切示しておりません。

　そこで，あらためて貴会に対し，以下の3点を質問させていただきます。

　1　貴会に所属する記者のみ委員会の傍聴を許可する運用を行い，主

権者である市民や貴会非所属のジャーナリストらの傍聴を拒んでいる大阪市会の姿勢並びに傍聴実態について，貴会はどのようにお考えになっているのでしょうか。
　2　貴会に所属する記者のみならず，市民や貴会非所属のジャーナリストの傍聴を認めるよう会として大阪市会に申し入れるなど，自ら進んで悪しき先例を正していく意思はあるのでしょうか。
　3　大阪地裁が言い渡した一審判決について，どのようにお考えでしょうか（「判決要旨」〔本書160頁に収録〕を添付しております）。

　上記質問につき，お忙しいとは存じますが，2週間以内（4月20日まで）に文書にて回答下さいますようお願い申し上げる次第です。
　2年前，こうした公開質問状をお渡しした際，貴会は文書による回答を拒否されましたが，貴会に所属する記者にのみ委員会の傍聴を許可するという現在の傍聴実態における当事者としての自覚をもち，真摯に対応されるよう強く望みます。
　私たちは，貴会と敵対するのではなく，力を合せ，市民自治や報道の自由を阻む壁を取り除きたいと考えています。ぜひジャーナリズムの良心を示して下さい。

以上

　　　　　　　　大阪市会における委員会の傍聴実態を考える会
　　　　　　　　　成澤壽信（現代人文社編集長）
　　　　　　　　　田島泰彦（上智大学文学部新聞学科教授）
　　　　　　　　　北村　肇（『週刊金曜日』編集長）
　　　　　　　　　折田泰宏（弁護士）
　　　　　　　　　今井　一（ジャーナリスト）

　大阪市政記者クラブは，この公開質問状に対して回答してこなかった。幹事社の記者にその理由を訊ねたところ，「全社一致でないとクラブとしての統一した回答を出せません。各社の考え方は一様ではなく，回答しないとい

うより回答できないということです」という説明を受けた。

　それならば，分厚くなってもいいから，各社各人の考えの違いを明示する答を返してもらえばけっこう。私たちとしては，この問題について，誰がどんな考えを持ち，どんな姿勢をとっているのか，正確に知りたい。

　おそらく，ほとんどの記者は自分たちが係りをもつこの問題に真摯に向き合うことなく，「私に訊かれてもそんなの困る」というところなのだろう。だが，責任のすべてをクラブだとか報道局だとか会社に転嫁してはいけない。

　クラブを構成する記者（当事者）である自分の，個人としての意見を自身の責任において明らかにすることの意味を，よく考え理解してもらいたい。

　いずれにしても，大阪市政記者クラブとして，「クラブ記者しか傍聴できない」という悪弊を正すために行動する意思はないようで，これは，クラブが今後とも委員会公開を閉ざす議員たちの事実上の「共犯者」であり続ける道を選んだということだ。

2007年4月4日
23社の編集局長，報道局長など報道セクションの責任者宛

公開質問状

　大阪市会は半世紀の長きにわたり，大阪市政記者クラブに所属する記者にのみ，委員会の傍聴を許可する運用をしております。つまり，これは，同クラブに所属していないジャーナリストは傍聴が出来ませんし，主権者である大阪市民でさえ傍聴を拒まれているということになります（ただし，2005年9月より試行措置として決算特別委員会のみ，10名に限って非所属のジャーナリスト及び一般の市民の傍聴も許可するようになっております）。

　こうしたルールは，大阪市会の「先例」（添付資料A「大阪市会先例集」抜粋を参照のこと〔本書3頁の資料B〕）とされており，大阪市長や同市議会事務局もこの運用を追認しております。

　これに対し，東京23区のすべての議会をはじめ神戸市議会や東京都国

立市議会など，多くの自治体の議会では，誰もが自由に委員会を傍聴できるようになってきており（添付資料B〔本書50頁の表〕を参照のこと），このことからすると，大阪市会の上記ルールは，際立って異常なものと言えます。

したがって，大阪市の運用は，憲法上の価値である「国民の知る権利」，や「報道の自由」及び「ジャーナリスト間の平等」のみならず，「市民自治」を著しく侵害していると考えざるを得ません。

ジャーナリストであり，大阪市民でもある今井一氏は，本件の問題点を上記のように認識し，05年3月23日，大阪市を相手取って，委員会傍聴不許可処分に対する損害賠償請求訴訟を提起しました。同訴訟については，本年2月に大阪地裁で一審判決が言い渡され，現在控訴中となっております。

2年前，本件提訴に先立ち，今井氏は松浦米子氏と連名で，大阪市政記者クラブに対し，今回同様，公開質問状を出しましたが，同クラブの幹事会社の記者より「回答する義務はない」と電話で申し渡されるのみで，文書による回答は拒否されました（添付資料Cを参照のこと）。そこで，その一週間後，市政記者クラブに所属する各社の報道セクションの責任者に対しても公開質問状を出させていただきました。しかしながら，この質問に対して真摯な回答をしてくださった報道機関は僅かにすぎず，半数以上の報道機関は回答すらないという対応でした。

これまで，貴殿らは自らの媒体により情報公開の必要性や主権者の知る権利の大切さを説き，市当局，議会，労組の悪しき先例や慣習について告発，批判してきました。にもかかわらず，市政記者クラブ所属の記者のみ傍聴が認められ，それ以外の者は傍聴を許可されないという自分たちにも係わりのある悪しき先例については，その事実を十分に報じず，自ら進んでこれを正そうとはしてきませんでした。

そうした中，先日，本件訴訟の第1審地裁判決が出されましたが，同判決に関する各社の対応は，全く報道しないか，「原告敗訴」という事実を伝えるのみで，同判決に関する各社の見解，論評などを一切示しておりません。

そこで，あらためて貴殿に対し，以下の4点を質問させていただきま

す。
　1　大阪市政記者クラブに所属する記者のみ、委員会の傍聴を許可する運用を行い、主権者である市民や、同クラブに非所属のジャーナリストらの傍聴を拒んでいる大阪市会の姿勢並びに傍聴実態について、貴殿はどのようにお考えになっているのでしょうか。
　2　こうした大阪市会の運用の事実を自らの媒体において報道し、かつ、その事実について意見表明を行なう意思はあるのでしょうか。
　3　大阪市政記者クラブに所属する記者のみならず、市民や同クラブ非所属のジャーナリストの傍聴を認めるようメディアとして大阪市会に申し入れるなど、自ら進んで悪しき先例を正していく意思はあるのでしょうか。
　4　大阪地裁が言い渡した一審判決について、どのようにお考えでしょうか（「判決要旨」〔本書160頁に収録〕を添付しております）。
　上記質問につき、お忙しいとは存じますが、2週間以内（4月20日まで）に文書にて回答下さいますようお願い申し上げる次第です。
　私たちは、貴殿らと敵対するのではなく、力を合せ、市民自治や報道の自由を阻む壁を取り除きたいと考えています。ぜひジャーナリズムの良心を示して下さい。
以上

　　　　　　大阪市会における委員会の傍聴実態を考える会
　　　　　　　成澤壽信（現代人文社編集長）
　　　　　　　田島泰彦（上智大学文学部新聞学科教授）
　　　　　　　北村　肇（『週刊金曜日』編集長）
　　　　　　　折田泰宏（弁護士）
　　　　　　　今井　一（ジャーナリスト）

【報道各社の回答】

2007年4月18日

大阪市会における委員会の傍聴実態を考える会　殿

公開質問状への回答書

　大阪市会の委員会の傍聴に関して，公開質問状をいただきましたので，回答させていただきます。
　大阪市会の委員会の傍聴については，委員会室のスペース上の問題など一定の制約はあると思いますが，スペースが許す限り，基本的に市民に委員会審議を公開し，傍聴を認めるべきだと考えます。
　また，弊社は，大阪市政記者クラブに記者登録しておりますが，非常駐社としての加盟で，要員面などの事情から，京都に関係する問題などを除き，同クラブで日常的な取材活動はしておりません。
　大阪地裁の判決については，見解を申し上げることは差し控えさせていただきます。

京都新聞社報道局長
田中雅郎

2007年4月18日

大阪市会における委員会の傍聴実態を考える会　殿
共同通信社大阪支社　社会部長　山田克

◎公開質問状の件

　4月4日付で弊社編集局長あてに出された公開質問状について，大阪

市政記者クラブを担当する大阪支社社会部の責任者として以下の通りお答え致します。

　大阪市議会に限らず，民主主義の基本である議会の審議は市民に広く開かれるのが基本であり，委員会の傍聴希望は原則的に認められるべきです。記者クラブへの所属の有無にかかわらず，大阪市議会の委員会審議は可能な限り希望者に傍聴の機会が与えられるべきであると考えております。
　記者クラブ所属の記者以外の傍聴が認められていないことや貴会の活動については，通信社として配信すべきニュースと判断した際には積極的に記事化したいと思います。

以上

平成19年4月20日

大阪市会における委員会の傍聴実態を考える会　殿

朝日放送株式会社
報道局長　古川知行

　先日，いくつかの郵便物にまじって大きな封筒の簡易書留がボクのデスクに届きました。何だこれは？と恐る恐る封を開けました。ボク宛の公開質問状となっています。
　「いきなり穏やかではないなぁ…」と思いながら文面を追いかけました。
内容は，
　・大阪市会の委員会では記者クラブ所属の記者しか傍聴を許されていない。
　・他の多くの自治体で行っている市民への情報開示という最近の流れからみて，大阪市は際立って異常である。

・報道機関はなぜそれを正そうとしないのか。

ざっとこのような内容でした。

拍子抜けするぐらい余りにも真っ当な主張でした。

国民投票法で注目を集めている現憲法にはボクも好きな条文が多くあります。

とりわけ第99条には「天皇又は摂政及び国務大臣，国会議員，裁判官その他の公務員はこの憲法を尊重し擁護する義務を負ふ。」と規定されています。

ひと言で言えば，公務員は正しくあれと倫理的な義務をうたっています。

そこには「公権力から国民を守る」という憲法の精神が息づいています。

ジャーナリズムの世界の端くれとしてボクも，公権力に対するチェック機能を果たす事は報道の重要な使命と位置づけています。

ＡＢＣでは昨年，社会保険庁の不正免除をスクープして年金改革の法案を廃案に追い込みました。又，京都市役所の相次ぐ不祥事，休職職員のあきれた実態を追及しました。

今年に入っても大阪府の裏金問題と調査委員会の人選問題でも唯一ＡＢＣだけが追いかけ，各社が追随しました。

メディアとしての監視役の役割は少しは発揮できたのかなぁと思っています。

しかし私どもの局の報道記者の数も限られており，視聴者の期待に十分に応えられているかと問われれば，胸を張ってハイと言えないのが現状です。

一方，各地で起きている市民グループなどの行政に対する監視やチェックは私たち以上に鋭く，行政や司法，立法を動かす原動力になっています。頭が下る思いです。

生駒市の用地不正売買でも市民グループが裁判に訴えたのがきっかけです。

年明けから行政を揺るがしている事務所費や光熱水費の問題も記者クラブには属していない赤旗の記事を大手メディアが追いかけたものです。ことほどさようにチェック機関は多いほど不正を是正するには良いに決まっています。

ここからは少し逆説的なことを述べさせてもらいます。
　ボクは心の奥では自分が他人や他のことをチェックするのはおかしいとも思っています。チェックや監視は本来，自分が自分に対して行うべきものです。
　善い行い，正しい言動をするためです。
　誰もが自問し自省して善い行いをすればいいのです。
　世の中から悪なんてなくなります。
　簡単な事なのです。
　しかし，公務員の相次ぐ不祥事，政治家も食品メーカーも保険会社もどこもかしこも我々メディアも然りです。
　人類が地球に誕生して以来，科学の進歩とは裏腹に我々の精神は一体どうなっているのでしょうか。
　人間はどんどん愚かになっている気がします。
　困ったものです。まぁ人間なんてこんなものかなぁ。
　今井さん，「人の精神は劣化しているのでしょうか？」

　貴会からのご質問にお答え致します。

　1．「考え」というのは思索を重ね，深く吟味して生まれるのであって，考えるまでもない問題です。
　立法には選挙があるように，行政には市民（住民）への情報公開が民主主義の基本と思います。
　2．恥ずかしながら，ボク自身は大阪市会における委員会の傍聴の件は知りませんでした。4月16日に今井さんとお会いして実態を伺いました。ニュースの責任者とも早速この問題を話し合いました。タイミングをはかりながら検討します。
　まずはボクが傍聴の実態を見に行かなくては……
　3．報道の任務にあたる者として，「正しい行い」とは何かと自らに問いかけて行動したいと思っています。
　4．「へえっ！こんな見方，判断もあったのか」というのがボク個人の素直な感想です。

　　　　　　　　　　　　　　　　　　　　　　　　　　　以上

大阪市会における委員会の傍聴実態を考える会　御中

2007年4月16日
朝日新聞大阪本社社会エディター
渡辺雅隆

拝啓
陽春の候，ますます御健勝のこととお慶び申し上げます。

　編集局長の大塚宛に公開質問状をいただきましたが，大阪市政，大阪地裁にかかわる取材は編集局社会グループ（旧社会部）が担当しております。社会グループを職掌する小職から回答を差し上げる失礼をご容赦ください。なお，弊社は05年3月24日付で前任の社会部長から今井様あてに委員会傍聴問題に対する弊社の考え方についての回答を差し上げています。基本的な考え方については変わっておらず，重複する部分もあるかと思いますが，以下に回答させていただきます。

【回答】
　大阪市議会が市政記者クラブに所属する記者にのみ傍聴を許可する運用をしている実態については，情報公開によってより透明性を高め，住民参加による地方自治のあり方を模索する動きが全国に広まるなかで，極めて閉鎖的で，問題のある対応だと考えます。議会側が理由とする「委員会室の傍聴スペース」の問題は，同様の問題を抱えながらも多くの自治体が公開に踏み切っていることから理由にはならず，「モニター傍聴」についても，直接傍聴する仕組みを設けたうえであくまで補完的に利用すべきものといえるでしょう。
　こうした大阪市議会の運用の実態については，申し入れや訴訟も含めて節目，節目で記事にしているほか，2年前に回答を差し上げたあとには社説（05年5月12日付）でもとりあげております。また，最近も大阪版の統一地方選企画「問われる議会」中（3月28日付）で「傍聴制限」の問題性を指摘し，今井様からもコメントをいただ

いております。
　委員会傍聴など情報公開の拡大は，市議会の責任において一日も早く取り組むべき課題だと認識しています。今後も紙面を通じて世論を喚起し，市役所改革，議会改革の問題に取り組んでいきたいと思います。
　条例が委員会の傍聴を委員長の裁量にゆだねている点を，一審判決は合憲としています。ただ，判決も指摘する通り，その判断・裁量に十分な合理性が求められます。一般市民や市政記者クラブに所属していないジャーナリストの傍聴を一律に拒む対応は，十分に合理的とは言い難いと思います。議会・委員会における議員・委員の発言は，どのレベルのものであっても公開を前提とするべきであり，「公共の利益」は公開によってこそ確保されるものと考えます。

以上です。
　大阪市議会の傍聴問題に限らず，政務調査費や海外視察の問題など，議会をとりまく課題は他の自治体も含めて山積しています。今回の統一地方選においても，議会改革を取材の主要テーマと位置づけています。今後ともよろしくご指導，ご助言をお願いいたします。

追伸
　今井様には「60歳の憲法と私」の企画にもご協力いただき，ありがとうございました。

敬具

大阪市会における委員会の傍聴実態を考える会御中

　4月4日付の質問状を拝受いたしました。質問状は編集局長宛になっておりますが，現場の責任者である社会部長・若菜英晴から以下のようにお答えいたします。

1，市議会の委員会は，主権者である市民が傍聴できるのが本来の姿であり，大阪市議会のルールは是正されるべきものと考えます。

　2，毎日新聞の大阪市政記者クラブの記者らは，委員会取材において必要と判断した情報は紙面化してきましたが，今後，ご指摘の件について十分留意して報道してまいりたいと考えます。

　3，毎日新聞として報道を通じて努力したいと考えます。

　4，上記の1にわれわれの見解を示していますが，判決はわれわれの見解とは異なるものだったと認識しています。

　　　　　　　　　　　　　　　　　　　　　　　2007年4月11日
　　　　　　　　　　　　　　　毎日新聞大阪本社社会部長　若菜英晴

　　　　　　　　　　　　　　　　　　　　　　　平成19年4月12日
大阪市会における委員会の傍聴実態を考える会
　成澤壽信様
　田島泰彦様
　北村肇様
　折田泰宏様
　今井一様

　　　　　　　　　　　　　　　　　　産経新聞大阪本社編集局

　4月4日付で弊社編集局長，外山衆司宛でいただきました大阪市会の委員会傍聴に関する「公開質問状」について回答させていただきます。
　まず，総論において，自治体の議会において，東京23区の議会や神戸

市議会の例を引くまでもなく，本会議，委員会などすべての審議の場が広く公開されるべきものであると考えます．ご指摘の通り，市民の政治参加や行政監視の必要性は現在の自治体のあり方において重要度を増しており，行政監視の有効な手だての1つとしての議会や委員会の傍聴のしめる位置を軽視するものではありません．より開かれた議会（委員会）であるべきなのは弊社にとっても，あらゆる報道に関わる者にとって論を待たないところと考えております．

　大阪市会について論じるならば，現状では本会議は住民に対して傍聴が広く認められております．総論で述べました通り，委員会においても本会議同様，広く傍聴が認められるべきものだと考えますが，委員会については「先例」にもとづき，市政記者の傍聴が許可されているにとどまっているのが現状です．もちろん，別室に設けられたモニターで傍聴ができることや，リアルタイムではないものの議事録が公開されるなど，審議内容を公開する工夫はなされていますが，十分ではないと言わざるを得ないのはご指摘の通りと考えます．この「先例」は委員会が行われる場所の狭さや，委員会の審議は，比較的（本会議に比べてという意味ですが），行政の細部や，技術的な部分の審議にとどまるケースが多いなどの理由で存在するようです．ちなみに市政記者とは大阪市政記者クラブ所属に記者のことを指しますが，「先例」は市政記者以外のジャーナリストの傍聴を妨げるものではありません．市政記者の場合，日常的に大阪市に関することを取材する機会が多いため，技術的なことや細部の審議についても比較的，理解が深いとみなされているため，事前に「許可」という形で傍聴が認められているということです．

　弊社は大阪市政記者クラブに加盟する記者を出しておりますが，市政記者クラブに所属しないジャーナリストの市や市議会，委員会の取材を妨害する意思は全くありません．

　さて，具体的な質問に関しての回答ですが，1については，先でも述べました通り，委員会の傍聴を重要な情報公開の手段のひとつとみなすことを考えますと，無条件で傍聴できる現状ではないという意味で十分ではないと考えます．

　2，3，4については，弊社は自らの媒体で論ずることがすべてである

と考えています。今後どういった論を媒体で繰り広げていくかについては編集権に関わる問題であり，御質問があるたびに逐一回答をする種類のものとは考えません。もちろんご批判については真摯に耳を傾けていく姿勢は持っておりますし，弊社の論評やニュースの扱いについてご批判は甘んじて受け止めます。

2007年4月18日

大阪市会における委員会の傍聴実態を考える会　御中

神戸新聞社編集局長
高士　薫

公開質問状に対する回答

頂戴したご質問に，以下の通りご回答します。

◇

　議会は本会議，委員会を通じ，市民に，とりわけ有権者には公開されるべきものです。公開には傍聴許可のほか，インターネットやモニターなどを通じた映像・音声の中継公開も含まれるでしょう。ご指摘のように，大阪市議会が傍聴を市政記者クラブ加盟者のみに許可しているのであれば，委員会室の広さなど物理的制約は勘案せざるを得ないにせよ，情報公開を推進する立場から改善すべきだと考えます。
　神戸新聞社は大阪市政クラブに非常駐の形で加盟しております。記者クラブにおいて意思表明の機会があれば，上記の考えを表明してまいります。
　大阪地裁判決は，そのような考え方もできるのかと，興味深く読みました。

以上

2007年4月23日

大阪市会における委員会の傍聴実態を考える会　御中

　4月4日付けの「公開質問状」につきまして，読売テレビといたしまして，次のとおり回答申し上げます。回答が遅くなりましたことをお許しください。

1　市会は，物理的に可能な限りすべての市民が直接に傍聴できるべきであると考えます。

2　必要に応じて報道したいと考えます。

3　上記1のとおり考えますので，必要に応じて大阪市，市会に働きかけたいと考えます。

4　係争中の案件ですので，この回答でのコメントは控えさせて頂きます。必要な場合は報道で考えを示します。

以上，回答させて頂きます。

読売テレビ　報道局報道部長
春川正明

2007年4月20日

「大阪市会における委員会の傍聴実態を考える会」様

読売新聞大阪本社
社会部長　植松実

　弊社編集局長，河内鏡太郎宛に，公開質問状をいただきましたが，河内にかわりまして回答させていただきます。

　以前，貴会の今井一様にお答えしましたとおり，地方自治体の情報公開は推進されるべきであり，議会および委員会審議の住民傍聴申し入れについても，自治体は原則として，これに積極的に答えていくべきだという弊社の考えは，従来から一貫して変わっておりません。
　これは，もちろん大阪市議会に対しても同じで，委員会審議は可能な限り，広く傍聴が認められるべきだと考えております。大阪市議会の委員会傍聴の方法，あり方が問われ，注目してまいりました今回の訴訟につきましても，1審判決の結果を2007年2月17日付けの弊紙で報道いたしました。
　報道機関，報道記者が，過去，情報公開に消極的な公的機関に対し，結集して公開を迫ってきた歴史があることも，以前，今井様にお答えしましたとおりです。
　今後も，公的機関に対し，真の情報公開を求めてまいりたいと考えております。

以上

今井様

公開質問の回答

平成19年4月19日

　1．市議会を傍聴する権利は，市民に等しく認められなければならないものであることは言うまでもありません。しかし委員会室によっては，希望するすべての人が傍聴に入ると，記者の取材のための席が物理的に確保できなくなるケースもあります。先の判決が示したように報道機関には「委員会の活動状況や議員の行動を知らせ，住民の世論形成と民意に基づく審議」に寄与する使命があると考えます。また判決は「記者を一般の住民に優先して傍聴させることが合理性を欠くとはいえない」とも判断しています。私たちは，記者の取材活動に支障が出ないのであれば，出来るだけ多くの市民に傍聴の機会が与えられることに異論はありません。そのためにはレイアウトを含め新たなルールづくりが先決と考えます。

　2．現時点でそのつもりはありません。

　3．申しいれるかどうかは，クラブで協議し判断していくものと考えます。

　4．報道の使命を認めた点では，妥当な判決と考えます。
　しかし市民の傍聴を規則で一律に不許可としていることの是非については，議論の余地があると考えます。

　　　　　　　　　　　　　　　　　　　　　ＮＨＫ大阪放送局
　　　　　　　　　　　　　　　　　　　　　報道部長　壱岐哲平

各社の回答について

　2005年，2007年とも，加入23社中10社より回答を頂戴した。ここでは，そのすべてについて，一切削ることなく全文掲載した。ただし，2005年3月に

産経新聞大阪本社編集局長の名雪雅夫氏から頂戴した回答には、個人の見解であって社の見解ではないから回答を公開しないでほしい旨の添え書きがあったので、この本に掲載することを控えた。
　毎日放送、関西テレビなど、当方の公開質問状に対して回答しないのみならず、「回答拒否」を伝えることを含め一切反応しない社が半数を超す中で、10社については、まず回答されたことを評価するとともに謝意を表したい。
　もちろん、「回答しない自由」はあるが、市政記者クラブに加入している当事者として意思表示もしない、意見交換もしないという姿勢には納得ができない。毎日放送、関西テレビなど未回答の各社は、市民自治、報道の自由の侵害に係わるこの問題を軽視しているのか、軽視はしていないがこれに触れるのは自分たちに都合の悪いことなので口を閉ざしているのか。いずれにしても、私はとても残念な気持ちでいる。現在の報道局長である熊和子氏（毎日放送）や堤田泰夫氏（関西テレビ）が、これまでの社の姿勢を改める牽引役を担われることを心より期待したい。
さて、ここでは2006年の回答内容を中心に若干の論評をしておきたい。

> 1　大阪市政記者クラブに所属する記者のみ、委員会の傍聴を許可する運用を行い、主権者である市民や、同クラブに非所属のジャーナリストらの傍聴を拒んでいる大阪市会の姿勢並びに傍聴実態について、貴殿はどのようにお考えになっているのでしょうか。

　この質問に対しては、ほぼ全社が、現行のルールは是正・改善されるべきだと答えている。毎日新聞については、2005年の伊藤芳明編集局長（＝当時）名の回答はかなりひどいものだったが、2007年の回答は当方の質問にまっすぐに答えるものに変わっていた。

> 2　こうした大阪市会の運用の事実を自らの媒体において報道し、かつ、その事実について意見表明を行なう意思はあるのでしょうか。

　この質問についても、同じくほぼ全社が、報道する必要性を認める回答を寄せている。ただし、実際にきっちりと報道したのは回答文中にあるように

「朝日新聞」のみ。とても，本気で問題化しようと考えているとは思えない。

> 3　大阪市政記者クラブに所属する記者のみならず，市民や同クラブ非所属のジャーナリストの傍聴を認めるようメディアとして大阪市会に申し入れるなど，自ら進んで悪しき先例を正していく意思はあるのでしょうか。

この質問に対しては，「努力したい」とか「大阪市，市会に働きかけたい」といった記述があり，昨年4月にそうした回答を目にしたときは素直に喜び期待したが，残念ながら，この一年間，彼らが直接，あるいは市政記者クラブを通して大阪市議会に，市民やクラブ非所属のジャーナリストも傍聴させるよう実態の改善を求める動きを起こしたことは一度もない。どんなに真っ当な回答文を記そうが，それだけでは信用できないし評価もできない。私たちが求めているのは，「改善・是正」のために各社が実際に行動を起こすことだ。

3　大阪市長あての公開質問状

【2008年2月4日付大阪市長への公開質問状】

> 　　　　　　　　　　　　　　　　　　　　　　　　2008年2月4日
> 　　　　　　　　　　　公開質問状
>
> 大阪市長　平松邦夫　殿
>
> 　平松邦夫市長におかれましては，大阪市政を市民に開かれたものとするため，様々な旧弊と闘う覚悟を固めておられるものと拝察。その姿勢に敬意を表すると同時に，当会も市民自治を深めるためのそうした改革を支持し，貴方を応援したいと考え，本公開質問状を出させていただいております。

さて，2007年10月18日，貴方は大阪市長選挙の候補者として「市政改革マニフェスト」という名の公約集を発表されました。
　そこで貴方は，「徹底した情報開示」「市民参加の市政の再生」の必要性を訴えられ，「市政の刷新，市民参加の市政実現に向け，市民代表として最後まで全力を尽くします。」という言葉で自身の宣言を締めくくっておられました。
　私たちは，そうした公約を掲げて市長になられた貴方に大いなる期待を寄せ，まさに「情報開示」や「市民参加」の基本とも言えます大阪市会の委員会傍聴につきまして，いくつか質問をさせていただきたいと考えております。
　大阪市会は委員会の傍聴について，大阪市政記者クラブに所属する記者にのみ，これを原則許可する運用をしております。つまり，同クラブに所属していないジャーナリストについては，傍聴ができないということで，主権者である大阪市民でさえ同様に傍聴を拒まれているのが現状です（ただし，2005年9月より決算委員会のみ，市政記者クラブ所属の記者以外の者の傍聴を10人に限って試行的に許可する運用になっております）。
　このような，大阪市政記者クラブに所属する記者にのみ委員会傍聴を原則許可するというルールは，大阪市会委員会条例【添付資料Aを参照のこと〔本書2頁の資料A〕】自体に定められているのではなく，大阪市会先例集に記された先例【添付資料Bを参照のこと〔本書3頁の「先例集」314〕】によって運用されてきたものです。そして，半世紀の長きにわたり，歴代大阪市長や同市議会事務局もこうした先例による委員会傍聴の運用を追認してきております。
　これに対し，例えば東京都の23区とすべての市の議会，あるいは神戸市議会や札幌市議会など他の政令指定都市の議会では，誰もが自由に委員会を傍聴できる運用となっており【添付資料Cを参照のこと〔本書では省略〕】，大阪市会の上記ルールは，他自治体に比較すると，際立って異例なものと言えます。
　したがって，私たちとしては，大阪市会の委員会傍聴の運用が憲法上の価値である「国民の知る権利」や「報道の自由」及び「ジャーナリス

ト間の平等」のみならず，大阪市民による「市民自治」を著しく侵害していると考えざるを得ません。

　ジャーナリストで，かつ大阪市民である当会メンバーの今井一は，本件の問題点を上記のように認識し，2005年3月23日，大阪市を相手取って，同人に対する委員会傍聴不許可処分について，損害賠償請求の国家賠償訴訟を提起しました。同訴訟については，昨年2月，大阪地裁で一審判決があり，同年10月には高裁判決が言い渡されましたが，現在最高裁へ上告及び上告受理申立をしております。

　そこで，市長就任の際には「徹底した情報開示」を行なうことを市民に固く公約された貴方に対し，以下の3点を質問させていただきます。

　1．大阪市政記者クラブに所属する記者にのみ，委員会の傍聴を許可する運用を行い，主権者である大阪市民や，同クラブ非所属のジャーナリストらの傍聴を拒んでいる大阪市会の姿勢並びに傍聴実態について，貴方はどのようにお考えになっているのでしょうか。

　2．誰もが自由に傍聴できるようにするために，大阪市委員会条例第12条（傍聴及び秘密会／委員会は，議員のほか傍聴を許さない。但し，報道の任務にあたる者その他の者で委員長の許可を得たものについては，この限りでない。）の廃止もしくは改変を，地方自治法149条1号に則り，市長として議会に提案する意思はございませんか。

　3．大阪市会に対して，「先例に囚われることなく誰もが自由に傍聴できるように運用すべきである。」と，貴方自ら強く申し入れを行なう意思はございませんか。

　上記質問につき，お忙しいとは存じますが，本書が貴方に到達する日より2週間ごろと思われます2008年2月18日までに文書にてご回答下さいますよう深くお願い申し上げます。

以上

　　　　　大阪市会における委員会の傍聴実態を考える会
　　　　　田島泰彦（上智大学文学部教授）
　　　　　折田泰宏（弁護士）

　　　　松浦米子（市民グループ「見張り番」代表世話人）
　　　　上原公子（前東京都国立市長）
　　　　北村　肇（『週刊金曜日』編集長）
　　　　林　香里（東京大学大学院情報学環准教授）
　　　　浮田　哲（テレビディレクター）
　　　　成澤壽信（現代人文社編集長）
　　　　今井　一（ジャーナリスト）

【平松大阪市長の回答】

　　　　　　　　　　　　　　　　　　　　　　　　平成20年2月18日
大阪市会における委員会の傍聴実態を考える会　御中
　　　　　　　　　　　　　　　　　　　　　　大阪市長　平松邦夫

　　　　　　　　「公開質問状」に対する回答について

　2月4日に受け取りましたご質問状につきまして，次のとおり回答させていただきます。
　私は，「徹底した情報公開・ガラス張りの市政」と「市民パワーによる大阪の再生」を掲げて市長に就任いたしました。「市民の目線にたった市政運営」を推進し，「市民が主役の市政」を実現するためには，情報公開の一層の推進が不可欠であります。しかし，今までの大阪市は，情報公開・情報発信の仕組みはあったとしても，その情報を公開する姿勢が十分ではなかったと考えております。このことから，私は，相手に届いてこその情報，市民に理解されてこその情報という視点で，公開・発信の仕方に工夫を凝らすことも含めて，情報公開の徹底を図ってまいりたいと考えております。
　市会と市長は，大阪市政推進のための車の両輪でありますが，市会の自主性・自律性は尊重すべきものであります。私としましては，市会を構成する市会議員の方々に，「徹底した情報公開」についての私自身の考えをしっかりとお伝えし，またご意見をお聞きすることにより，議論

を深めてまいりたいと考えております。
　このような認識にたって，ご質問にお答えいたします。
　1．大阪市会の委員会傍聴につきましては，大阪市会委員会条例に基づいて運用されており，モニターによる間接傍聴のほか，平成17年からは決算委員会の直接傍聴の試行実施をされていると聞いております。市会においても，開かれた市会という課題について真剣に検討されていることの表れではないかと思います。
　2．議会の委員会の設置に関する条例は，地方自治法上，その提案権が議会の側に専属すると解されていることから，市長である私は，大阪市会委員会条例の改廃のための議案の提出権を有していないと考えます。
　3．議会の自主性・自律性の尊重という観点から，委員会傍聴という市会の裁量の範囲内の件に関しては，市会における検討の状況を見守ってまいりたいと考えております。

　皆様方におかれましては，今後とも，市民の目線にたった大阪市政運営の推進に，ご助言ご協力を賜りますれば幸いでございます。

平松市長の回答について

　市長や議会の権限といった分野に明るい市の職員から「知恵」を授かり自ら書いたか，職員が書いたものに目を通して回答としたのか。いずれにしても，回答内容はとても「情報公開」や「市民参加」の促進を看板にしている市長のものとは思えない。私たちが差し出した市長宛の質問状には大阪市の異常さや後進性を理解するための資料を添えておいた。平松氏は当然これを目にしているはず。にもかかわらず，市民やジャーナリストの権利が侵されているという認識がまるでない。また，こうした悪弊を断ち切るべく市長として努めることは，市議会の裁量権や独立性を侵害することだという誤った理解をしている。彼の回答がいかに「情報公開」や「市民参加」の促進に反しているかは，この本を読み進んでいただけばおわかりいただけるはずだが，ここで回答の［2．］について少しだけ述べておく。

> 2．議会の委員会の設置に関する条例は，地方自治法上，その提案権が議会の側に専属すると解されていることから，市長である私は，大阪市会委員会条例の改廃のための議案の提出権を有していないと考えます。

　上記回答中,「議会の側に専属する」と解するのが一般的な法解釈であるかのように記してあるが，一部の学者がそういった解釈を唱えているだけであって,「明文規定」がない限り長と議会双方に提案権があると解する見解もある。つまり，市長である彼には委員会条例の改廃のための議案の提出権があるということだ。

　少し詳しく説明する。傍聴規程を盛り込んだ委員会の設置，運営に関する条例（委員会条例）が議長の権限に委ねられているとしても，具体的な支障がないのに委員会を非公開とすることは，裁量権の逸脱・濫用に当たり違法であると私たちは考えている。また，委員会条例，委員会規則などに関する議案提出権は議員に専属するという学説や総務省の見解があるということは承知しているが，住民の権利義務に関する事項は議会と長の双方に提案権があるというのが通説であり，委員会条例そのものは議員に提案権があるとしても，住民の傍聴権を認めるように改正を提案する権限が長にもあると考えることは十分可能だ。

　私たちはそう考えているということを明らかにした上で，平松市長は「法解釈」を根拠としたサボタージュに逃げ込むなと申し上げたい。

　たとえ，長が委員会条例の改正提案をすることはできないという理解をしているとしても，平松市長にその気があれば，この問題で「改正案の提出」や「運用の変更」を促すべく市議会議長と会談をしたり，議会に強く申し入れたりすることはできる。わざわざ「提案権なし」の見解を持ち出し，それを自ら進んで働きかけない理由とする姿勢がいかにもさもしい。本気で悪弊を断ち切る気があるなら，たとえ「提案権なし」と認識していても,「誰もが傍聴できる運用に転換すべきではないかと議会に申し入れる」といった意思表明が行なわれて然るべき。だが，彼の回答にはそういった記述が一切盛り込まれていない。

　「情報公開」や「市民参加」の促進という看板に偽りありと言っておこう。

（いまい・はじめ）

第7章
企業ジャーナリストの堕落

北村　肇　『週刊金曜日』編集長

1　ヤジロベエの話

　若いジャーナリスト，あるいはジャーナリストを目指す人には，いつもヤジロベエの話をする。
　「『右側』の皿に行政・立法・司法などの権力，『左側』の皿に市民が乗っていたとする。さて，公正・中立をモットーとするジャーナリストはどこに立つべきか」
　意外にも中心部を指す人が多い。「それは正しくない」と指摘して説明する。
　「権力は大きな力をもっている。だから仮にジャーナリストが真ん中に立ったら，ヤジロベエは右側に大きく傾いてしまう。真の公正・中立を実現するには，私たちは市民を応援する場に立たなくてはだめ。そうしてまずはヤジロベエを平行にすることから始めなくてはならない」
　この時点で，かなりの人がハッとした顔で肯く。でも一部は，まだ納得できない様子を示す。有体に言ってしまえば，このタイプはジャーナリストに向かない。というより，なってもらっては困る。害悪でしかないからだ。
　ジャーナリズムの危機が叫ばれて久しい。私は1974年に『毎日新聞』に入社，2004年に退社して直ちに『週刊金曜日』の編集長に就任。かれこれこの

世界で33年を送ってきたが，これほど新聞，テレビ，雑誌への信頼感が低くなるとは想像していなかった。

理由はさまざまだが，最も重要なポイントは，ヤジロベエのたとえで示したように，ジャーナリスト，とりわけ企業ジャーナリストの立ち位置がズレたことだ。少なくとも，私が入社したころの『毎日新聞』で「権力側に立つ」記者はまず見かけなかった。みんな「市民のために権力と闘う」ことに喜びを感じていたのである。それが新聞記者の仕事であると，私自身，疑ったことはなかった。

今回の大阪市政記者クラブの問題を聞いた時，愕然としつつ「さもありなん」というあきらめに似た気持ちにもなった。企業ジャーナリストの堕落ぶりを考えたら，「想定内」のことと言ってもいいだろう。

2　企業ジャーナリストの"立ち位置"の変化

約20年前のことになるが，茨城の東海村で反原発デモに参加したことがある。当時は『毎日新聞』労組の役員をしており，現場記者の仕事からは離れていた。明け方，原発に燃料棒が運び込まれるのを阻止するデモで，マスコミも押しかけていた。

驚いたのは，新聞記者の取材場所である。何と全員が機動隊側にいたのだ。隊員の後ろから市民のデモ隊を取材する——およそ考えられないことだった。

少なくとも70年代初め，大学生としてデモに参加したとき，取材記者は"われわれ"の側にいた。中には一緒にシュプレヒコールをする人さえいた。多くの新聞記者は"仲間"であり，機動隊側に立つ記者はごく少数だったのだ。

私自身が新聞記者となり，最初の赴任地である埼玉県で，いくつかの集会やデモを取材したが，当たり前のこととしてデモ隊の側に立った。その後，社会部に所属となってから，デモ取材をする機会がなかった。そのわずか十数年の間に，新聞記者が機動隊＝権力側にポジションを置くようになったことを東海村で知ったのである。

このエピソードは極めて象徴的と思っている。企業ジャーナリストの"立ち位置"の変化が如実に表れているからだ。

記事内容にも立ち位置の変化が見てとれる。たとえば，市民が行政を訴えたとする。私が埼玉県政を担当していた時代（70年代半ばから後半）は，無条件にこういう書き方をしていた。

　「埼玉県は訴えられたことに関し，○××○と説明。だが市民は「○○○○」と強く県の姿勢を批判した」

　日本の新聞・テレビは「客観報道」をモットーにしている。しかし，「客観報道」などありえない。およそどんな記事にも記者の主観は入り込む。

　「市民が県を訴えた」「県は，こう説明した」「訴えた市民は県の姿勢に反発した」──これらの事実を，市民の立場に立って書けば上述のようになる。「県の説明」「市民の反発」という順番なら「市民の反発」が強調されるからだ。

　ところが，最近の報道をみると，逆のことがよくある。「市民はこう訴えた」「これに対し県はこう説明した」というパターンだ。言うまでもなく，この書き方だと県に肩入れしたニュアンスが強くなる。立ち位置がまったく逆なのだ。

　さらに言えば，そもそも「県を訴えた」という類のニュースがほとんど流れない。あってもごく小さな記事にしかならない。初めから「行政批判」の姿勢が弱いと考えざるをえないのである。

　かつて，NHKのローカルニュースで，よく小さな集会などが報じられた。「反原発集会」「平和集会」「憲法学習会」といった，町の公民館の催しが報じられたのだ。今はどうか。そうした集会がニュースになるのは極めてまれだ。代わって「菊の花展」「○○祭り」など，「地方の活性化」政策に寄り添った，ニュースというより官報と言うほうがしっくりくるようなイベントが数多く取りあげられている。いつからこのような傾向になったのかは，調査もしていないので検証できない。ただ，感覚的には，90年代以降，一気に進んだような気がする。むろん，こうした流れは，地方から中央まで一貫して強まっている。

3　取材競争に勝ち抜くことが最優先

　1980年代半ば，エイズ問題が社会化したとき，社会部員として厚生省記者

クラブに所属していた。ある日,『赤旗』の記者が記者会見に参加したいと連絡してきた。このような場合,認めるかどうかは主として「幹事社」(毎月各社で持ち回り)が決める。決定しにくい場合は,クラブ総会に諮ることになっていた。

たまたま『毎日』は幹事社ではなかった。幹事社に話をもっていけば「拒否」の判断を下すだろうと予測できた。そこで『毎日』の記者ということにして私の隣の席に座ってもらうことにした。ただし,質問はできないという条件付きで。

言わずもがなだが,私は共産党と深い関係があるわけではない。単純に,記者クラブの「排除の論理」が不愉快だったから,そのような手法を使ったのだ。

ふり返ると,そのころはすでに,立ち位置のズレた記者が目立つようになっていた。

当時,『毎日』は「エイズは薬害」の立場で,厚生省への批判キャンペーンを展開していた。これに対し,いくつかの新聞社は厚生省寄りの論調をとった。ある日,親しくしていた厚生省の役人からこんなことを聞かされた。

「某社の記者が"『毎日』さんはおかしいですよね。ウチの社は厚生省の味方です"と言ってきたぞ。結構,記者さんって,足を引っ張り合うんだね」。

さらには,私だけ「闇レク」から外されることもあった。「闇レク」とは,『朝日』,『毎日』,『読売』,『NHK』,『共同通信』の記者だけを呼んで,こっそりレクチャーすることだ。今はわからないが,当時の厚生省では時々あった。ここから『毎日』がのけ者にされたらどうなるか。『共同』が記事を配信すれば,地方紙だけではなく,『サンケイ』,『東京』,民放各局にも伝わる。つまりは『毎日』だけ記事が載らない。いわゆる「特オチ」といって,記者にとっては最大のダメージだ。

この話は,闇レクに参加していたある記者が耳打ちしてくれたのでわかった。厚生省への怒りはさほどなかった。もともと腐った役所だったから,今さら腹を立てても仕方ないとも思った。許しがたかったのは各社の記者だ。仮に,反厚生省キャンペーンをしている社が闇レクから外されたら,私はその場で「絶対に入れるべき」と主張しただろう。

そもそも闇レク自体が問題ではあるが,後述するように私は記者クラブ有

用論者であり，レクチャーを全否定はしない。読者，つまり市民に利益となることを報じるのが新聞記者の仕事であり，その「目的」のためには記者会見も「手段」として利用すべきと考えている。

　だが，私を排除しようとする記者の「目的」は，別のところにあった。それは，他社との取材競争に勝ち抜くこと，それにより社内で評価を受けて出世をすることにほかならない。動機が不純。まさしくジャーナリストとしての「立ち位置」がズレているのである。

4　記者クラブ度自体が「悪」ではない

　メディア批判の際，必ずと言っていいほど，記者クラブ問題が取りあげられる。心ある人たちから「クラブ廃止論」が提起されもする。だが，私は常に，それは暴論だと主張し続けてきた。

　ある臓器が炎症を起こしたとしよう。摘出するのは簡単だ。しかしこの臓器が本来，生体にとって重要な役割を果たしているなら，やはり治癒させることに全力をあげるべきだ。

　記者クラブは，権力監視のために極めて重要であり，ひいては，社会という生体を健康な状態に保つために欠かせない存在なのである。

　時折，こういう指摘をされる。

　「クラブ記者は，役人の掌の上にある。都合のいい記事を書かせるためにも，役所にとって記者クラブは必要だ」

　まったく的外れの見方だ。「記者クラブが省庁内に存在するほうがいい」と考えている官僚はごくごく少数である。クラブ所属の記者が全員アホなら話は別だが，決してそんなことはない。ひたすら権力チェックのために省庁内を歩き回る記者は必ずいる。こうした記者は，たとえ一人でも，役所にとって目の上のたんこぶだ。記者クラブがなければ，官僚はもっと自由にしたいことができるのである。

　「記者クラブがなかったら自分たちに都合のいい記事を書かせることができず，省庁にとっては，マイナスになるのでは」という疑問が生じるかもしれない。が，官僚はお利口さんである。きっと出先の窓口をつくるだろう。ブリーフィングルームを外部に設け，会見はそこで行う。そして広報担当者

は質問などをみて，使い勝手のいい記者だけを選び，こっそり幹部に会わせ，ネタを提供する。出世しか考えない記者は，省庁寄りだろうが何だろうが，喜んで「特ダネ」は書く――。このようなシステムを作ったほうが，省庁にとっては，記者クラブが存在するよりも余程メリットがあるのだ。

　記者クラブに関しては，林さん，浮田さんが詳細に触れると思うので，ここまでにしておく。企業ジャーナリズムの堕落が問題なのであって，記者クラブという制度自体が「悪」ではないということだけを強調しておきたい。

5　「記者クラブ」と「社内」という2つの狭い世界で競争に明け暮れる記者

　労働組合や市民団体から講演を頼まれる際は，「政治やメディアの裏側を語ってほしい」と注文されることが多い。それは何とかなるのだが，「会場からの質問」の時間になるとヒヤヒヤする。ありとあらゆるジャンルの質問が飛んでくるからだ。「新聞記者や雑誌の編集長なら何でも知っている」と誤解されているのだろう。実は，それほど「物知り」ではない。

　私は1年半，警視庁記者クラブに所属していた。平均睡眠時間が3，4時間というモーレツな職場だった。何をするのかと言えば，どうでもいい「特ダネ」をひたすら追いかけるのである。

　また記者クラブの話になって恐縮だが，警視庁や検察庁の会見では，どこの社も聞きたいことは聞かない。肝心なことは深夜か早朝，こっそり警察官や検事の自宅に行って聞き込むからだ。言うまでもなく他社に抜け駆けし，スクープをものするためである。

　もちろん，警察官も検事も守秘義務があるからなかなか情報はくれない。そこであの手この手で籠絡をはかることになる。これに成功してネタをとれる記者が，「特ダネ記者」として記者クラブでは一目も二目もおかれる。また，この称号に輝けば，社内では出世できる。逆に失格のらく印を押されれば，たとえば社会部から追い出されたりする。

　さて，問題は特ダネの中身である。最も一般的な特ダネは，「正式発表の前日に報じる」こと。たとえば，政治家の汚職事件が起きれば，担当記者は逮捕日を巡って熾烈な取材合戦を展開する。大事件になると，「来週にも聴

取」「あすにも逮捕」「今日逮捕」といった大見出しが紙面を賑わせる。
　そして，必ずと言っていいほど，どこかの新聞社が特ダネを打つ。午前中に容疑者を任意で呼んだことをつかみ，夕刊で「今日逮捕」と書く新聞もある。他社はやむなく朝刊で追いかける。抜いた記者は社会部長賞や編集局長賞をもらい，抜かれた記者は極端な場合，直ちに"左遷"されることもある。
　おそらく，大半の方が「バカらしい」と思うだろう。別に正式発表の時に書けばいいことだし，まして夕刊の特ダネなど，ほとんど意味がない。しかし，この「バカらしい」ことのために事件記者は休みなしで"夜討ち・朝駆け"を繰り返しているのだ。頭は常に朦朧としているし，へたをすると事件の記事以外，新聞も読まなくなる。ましてや本を読むヒマなどない。警視庁記者クラブの一年半，私は明らかに"バカ"になった。物知りどころではない。
　人間には，死の恐怖から逃れるために，絶えず神経をマヒさせる"麻薬"が必要とも言われる。競争やゲームはまさに"麻薬"の一種だ。企業ジャーナリストは「記者クラブ」と「社内」という二つの狭い世界で，競争とゲームに明け暮れ，興奮するのである。
　私自身，性格が負けず嫌いのこともあり，このゲームに積極的に参加した時もあった。だが一方で，「だれのために，何のために書いているのか」という疑問が絶えずどこかにあり，それがかろうじて，ジャーナリストとしての自分を保ち続けさせたのかもしれない。

6　悪貨が良貨を駆逐する

　新聞記者としてのキャリアを積んでいくと，同じ特ダネ記者でも本質的に大きな違いのあることがわかってくる。井の中のカワズで目先のゲームにだけ没頭するタイプは，取材対象とファミリー化していく。警視庁担当記者は，自分が警視庁の捜査員になった気分となり，検察担当記者は「検察が正義」の立場に立つ。
　冤罪事件が明らかとなるたびに，新聞社は「捜査に不備があった」と報じる。だが，その新聞は，「極悪非道の犯人」といった書き方をしてきたはずだ。冤罪がはっきりした後も，報道姿勢に関する反省を読者に向かって明示

する事例はほとんどない。せいぜい，松本サリン事件の河野義行さんのケースくらいだ。

むしろ，一部の捜査担当記者は「本当はあいつが犯人だ」と，裁判で決着がついてもうそぶいたりする。こうして捜査当局とファミリー化した記者は，確かにネタをもらいやすくなる。つまりは，特ダネ記者になれるのだ。

政治部には「派閥記者」がいる。自民党の各派閥にはそれぞれ担当記者が配置されるのである。ネタほしさが昂じ，派閥のスポークスマンのような記者が出現することもある。

1972年にいわゆる沖縄密約事件が起きた。沖縄返還をめぐり，日本は米国との間で，400万ドルを無償供与するという密約を結んだ。この事実をつかみ，社会党議員に情報提供した『毎日新聞』の西山太吉記者が，国家公務員法違反で逮捕された。その後，密約が事実だったことを示す証拠が次々と明らかになり，西山氏は，国家によって記者生命を絶たれたことの損害賠償と名誉毀損への謝罪を求めて裁判を起こした。

実は，西山氏が特ダネ記者から犯罪者へと陥れられた背景には，派閥記者同士の暗闘があった。『毎日新聞』社内で，佐藤（栄作）派記者の中に「西山氏は佐藤追い落としのために動いた」と主張する人がいて，そのことが社をあげて西山氏を守る方向へ動かなかった原因の一つとなったのである。

ネタ元の政治家のために動く政治部記者は絶えることがない。社会部の遊軍（主にキャンペーンや大事件の担当をするチーム）時代，ある自民党有力政治家のスキャンダルを追っていた際，政治部記者が「記事にするのをやめてくれ」と頼んできたことがある。彼は当時もその後も「特ダネ記者」との評価を受けている。

かように，取材対象の官僚や政治家とファミリー化する特ダネ記者は，真のジャーナリストではない。見識や知恵が欠けているゲーマーに過ぎない。

ただ，一方で，他社との特ダネ競争にしっかりと"勝利"しながら，ジャーナリズムの本来の役割である「権力の監視・批判」のためにペンをとる記者も，少数ではあるが存在する。たとえば，事件記者でありながら警察の不祥事をきちんと追いかけて記事にしたり，担当する政党に，署名原稿で正面から苦言を呈する政治部記者もいるのだ。恥ずかしながら私は，その域に達することができなかったが。

読者の方には，こういう疑問が浮かぶだろう。

「そんなキチンとした記者がいて，なぜ企業ジャーナリズムは堕落するのか」

　その答えは，こうだ。

「新聞社やテレビ局は悪貨が良貨を駆逐する傾向が強い」

　私が30年近く在職していた『毎日新聞』は，風通しが良く働きやすい会社だった。途中退職して3年以上になるが，いまでも愛着を失っていない。しかし，その『毎日新聞』でも「なぜこんな人が役員になるのか」と，つい首をかしげてしまう経営ボードが多数いたのは事実である。

　そして，役員に出世するタイプは悪貨がほとんどだ。彼らは，はっきり言ってしまえば，「社会のためにペンをとる」記者ではない。いや，若いころはそうだったかもしれない。が，ある年代になったとき，ジャーナリズムよりも社内の出世をとったのである。遺憾ながら，出世競争に限れば，圧倒的に悪貨のほうが強い。良貨はそんなことにかまけている時間も余裕も意志もないからだ。かくして，新聞社は悪貨が牛耳り，堕落していくのである。

7　市民を監視する権力と化しているマスコミ

　所信表明演説を終えた直後に政権を投げ出すという，前代未聞の愚挙に走った安倍晋三前首相。この史上稀なる無責任総理が掲げたのが，ご存知「戦後レジームからの脱却」。わずか一年の任期中に教育基本法は改悪，国民投票法も成立。そのまま憲法改悪にまで一気に突き進みそうな勢いだった。

　マスコミはその間，どんな報道をしたのか。これはもう，言語に絶するお粗末ぶり。企業ジャーナリズムがいかに立ち位置をずらしてしまったかを，極めて端的に示してもいた。

　ご承知の通り，憲法は国家権力を縛るものだ。第99条には「憲法尊重擁護の義務」として「天皇又は摂政及び国務大臣，国会議員，裁判官その他の公務員は，この憲法を尊重し擁護する義務を負ふ」と記されている。つまり，ジャーナリズムの任務たる「権力の監視」は，国家権力の一翼を担う人びとが憲法違反をしないよう目を光らせること，と言い換えてもいいだろう。

　ところが，たとえば安倍前首相が「現憲法は戦後，連合国に押しつけられ

たもので，私の内閣で改正への道筋をつけたい」という趣旨の発言をしたときに，「憲法違反だ」と指摘した記事にはお目にかからなかった。
　自民党の改憲試案も，どこから見ても憲法違反だった。何しろ「国家権力を縛るもの」から「国民を縛るもの」に変えようというのだ。こんな横暴が平然とまかり通ったのは，マスコミがきちんとした批判キャンペーンをしなかったからである。
　なぜか。記者の勉強不足や知識のなさもあるだろう。だが，それ以上に問題なのは，マスコミが自分たちを"市民（国民）"と見ていないフシがあることだ。よしんば憲法が改悪されても，その憲法に縛られることはない。つまるところ「自分たちは権力側の人間」と考えているのではないか。であるなら，むしろ憲法改悪は好都合かもしれない。
　9条が改悪され，日本が戦争のできる国に変質しても，おそらく企業ジャーナリストが軍人として前線に送り込まれることはないだろう。少なくとも現状では，マスコミに所属する人間は，いろいろな意味で安全地帯にいることは確かなのだ。
　『週刊金曜日』はひたすら「憲法擁護」の誌面を展開している。さまざまなＮＧＯとも連携し，集会や学習会も開いてきた。私も講師を頼まれることがある。そうした場で，企業ジャーナリストの顔を見たことはほとんどない。それに対し，フリージャーナリストは数多く「改憲反対」の運動に参加している。「共謀罪反対キャンペーン」にしてもそうだ。呼びかけ人の欄に新聞記者の名前はまず見つからない。「個人情報保護法反対」の時は，当初，企業ジャーナリストも反対の隊列に入っていた。初めの案では新聞やテレビにも法の網がかぶせられることになっていたからだ。
　ところが，出版社を除き，マスコミは「対象外にする」と政府が方針を変えた途端，新聞・テレビはスーッとキャンペーンからおりていった。市民の目には，彼らが，国家権力に対し，こう言っているように見えただろう。
　「私たちも同じ"権力組"なのだから，一緒に取り締まろうなんておかしいでしょう」
　そう，極端に言えば，マスコミはいまや権力を監視するための権力ではなく，権力とともに市民を監視する権力と化しているのだ。

8 「第5の権力」

　マスコミはよく「第4の権力」と呼ばれる。私は「第5の権力」と考えている。「立法」「行政」「司法」の他に「財界」という第4の権力があるからだ。

　あえて説明するまでもないが、3つの権力は本来、互いに独立し、牽制しあう。そのことによって国がおかしな方向に進むことを阻止する。しかし、財界は本質的に異なる。とりわけ「立法」「行政」権力に近づき、ある時は取り込み、ある時は取り込まれて癒着状態をつくりだすのが財界の"性（さが）"だ。政界を巻き込んだスキャンダルをあげたら枚挙にいとまがない。

　4つの権力とは距離をおき、監視し、批判するのが「第5の権力」の任務だ。ところが、いまや第4の権力と同様、他の権力に取り込まれて癒着するという、あってはならない事態が生じている。少なくとも多くの市民から、そういう疑いの目で見られているのは間違いない。

　マスコミが「権力」と呼ばれるとき、そこには多分に批判的な意味合いが含まれる。しかし私は、ジャーナリズムは「第5の権力」であるべきだと思う。そのくらいの覚悟がなければ、他の権力に闘いを挑むことなどできないからだ。いい意味の「力」がなかったら、市民の側に立って巨大な権力を批判するという行為はとてもできないのである。

　一般的に「権力は必ず保守化する」と言われる。当然と言えば当然だ。構造が変化して、今もっている"力"が失われては困るからだ。しかし、マスコミが、本来、もつはずの権力はそうではない。絶えることなく、腐敗する権力を批判するための"力"である。それが今、既存の4つの権力と対抗するどころか、彼らと手に手をとって自らの地位を守ろうとしているのだ。

　大阪市政記者クラブの態度は、はしなくも、その実態をかいま見せたと言えるだろう。

（きたむら・はじめ）

第8章

「記者クラブ的なるもの」の害毒
―― 日本では「ジャーナリスト」という
　　職業がなぜ根付かないのか

林　香里　東京大学准教授

1　私の記者クラブの思い出

　1989年，私がロイター通信東京支局でようやく記者2年目に入ったときだった。ある朝，電話に出ると，相手がものすごい勢いで怒っている。とても興奮していて，いろいろとまくし立ててくるので，何事かとよく聞いてみると，「記者クラブで質問したことをどうしてくれるか」ということだった。「あ，そうだ，言うのを忘れたっけ」と思い当たった。
　その日は，農水省記者クラブで大臣の定例記者会見があったのだが，私は2年目の記者となり，この退屈な会見の取材は，晴れてお役放免。代わって1年目の新人を送り出したばかりだった。ところが，私はこの入社したての「跳ねっ返りさん」に，私たち外国メディアは記者クラブでの質問はご法度なのよ，と事前に念を押しておくのを忘れてしまったのだった。案の定，彼女は手を挙げて質問をしてしまったらしい。こうして私たちは当分の間「記者クラブの秩序を乱すけしからんヤツ」として目をつけられることになった。
　当時は，ＧＡＴＴウルグアイラウンドでオレンジと牛肉の関税引き下げがあり，次はコメ市場の開放か，ということが話題になっていた。ひょっとして農水省から何かニュースがあるかもしれないと考えて，イギリス人の上司とともにクラブに特別にお願いをして傍聴を許可してもらった。しかし，こ

の質問事件の後，私は，後輩の「管理者」としてクラブの幹事からみっちりとお説教で絞られた上に，しばらくは私が再び退屈な会見に出席することになった。ついでに付け加えると，当時，イギリス人の上司に報告はしたが，彼から怒られた記憶はない。

　それにしても，あの頃の日本の記者たちとのさまざまなやりとりは，思い出すだけでも可笑しくなる。初めて会見に出席したとき，クラブ幹事さんから，オブザーバーは一番後ろに座ること，資料は受け取っても黒板に解禁日が書いてあるかもしれないのできちんとチェックすること，大臣や官僚への質問はクラブ幹事があらかじめクラブ内でとりまとめて聞くことになっているので，外部者である私はいっさい発言してはいけないこと，そのほか，あらゆる所作行動について疑問があれば，まずは幹事に聞くこと，などなどを大真面目に説明された。どうやら，記者クラブの幹事さんとは，記者会見という"イベント"をつつがなく，そしてスムーズに執り行うことに心血を注ぐ仕事らしい。その熱意だけは伝わってきて，私も「はあ，わかりました」と答えていた。なんといっても新人。こんなものなのか，と妙に納得して言われるままにしていた。

　当時，私が会っていたクラブ詰めの記者たちは，20代後半から30代後半ぐらいまでだったのだろうか。あのときの私からは，皆，大先輩に見えた。ときどきクラブに行くと，昼間はソファで寝ていたりして，私たちに細かい注意を与える割には，本人たちはなんだかいい加減だなあと思った。が，よく聞いてみると，彼らは（ほとんどが男性）「夜討ち朝駆け」をしていて，昼間に仮眠をしないと体がもたないからああして寝ているのだと教えられた。

　そうこうしながらわかったことは，日本のメディアの記者たちは，文字通り24時間，キャリア官僚たちに密着して何か新しい動きがないかを虎視眈々と探っているということだった。大臣室に出入りする人をいちいち見張って，いま何を話してきたのですか，どういう動きがあるのですかと「ぶらさがり」，夜は夜で役人と飲みにいくか，政治家や官僚の自宅の前でハイヤーを待たせて何時間も待ち伏せをする（89年当時のこと）。

　ゆえに，先ほどのような記者会見は定期的に開かれるものの，そこではとおりいっぺんの質問しかしない（だから記者会見，つまらなかった）。どうやら，記者たちはもっとも肝心なこと，ほんとうに聞きたいことは，公の場

ではなく，他社の記者がいないときを見計らって個別にそっと聞いているらしく，これが記者の腕の見せどころなのである。こうして，記者たちは，断続的に出される「発表モノ」の加工の傍ら，「その日，そのとき」のために政治家や官僚に顔を売って準備万端整える。いいかげんどころか，「いつ起こるや知れない省内重大事件」のために，水ももらさぬ人脈作りに励み，昼夜休む暇なく働いている。

そして，この勤勉さの理由は一つ。他社に抜かれたくないから，である。その意味できわめてまじめな人たちだった。さらに付け加えるならば，記者クラブは理性よりも熱意がものを言う精神世界で，仕事の効率とか合理性とかいう発想は，ない。たいしたニュースもないのに，ひとつの省に一人前の記者を複数常駐させるのは経費のムダではないか，とくにあてもないのにハイヤーを待たせて夜討ちをするのは労力を間違って使っているのではないか，などはいまさら問うべきではないことになっている。記者クラブがあるから，番記者制があるから，そこで働く，がんばる，何か聞き出してくる，という論理。いわば，これが「記者道」。どこまでも精神論で勝負なのだ（と，いうふうに，少なくとも外部の者からは見えた）。

あれからすでに18年余。記者クラブもずいぶんと変貌を遂げたと聞いている。手を挙げて質問をしただけで，血相を変えて飛んでくる幹事ももういない……かもしれない（未確認）。しかしながら，今回，私がいまだに本書に「記者クラブの問題点」を書くように要請されているということは，事態はそう発展したとも言えないようだ。以下，いまさらと思うことばかりだが，私の考えを述べてみたい。

2 「記者クラブ」と「記者クラブ的なるもの」

私がロイターを辞めた後も，記者クラブは批判され続けた結果，どうやら部分的には改革も進んだらしい。日本新聞協会は，記者クラブをより開かれた取材・報道のための組織として，実態に合わせてその機能を「親睦団体」から「取材の拠点」へと修正する見解を発表したし，今では，日本新聞協会の見解によると「外国報道機関の記者が加入するクラブは増えつつある」そうだ。

しかし，その一方で，日本新聞協会は，「記者クラブ」という存在を決して撤廃しようとはしなかった。また，限定つきではあっても，研究者のなかにも，その意義を認めて存続を容認する者もいる。彼らの主張する理由は，おおむね次のようなものだ。つまり，この制度は，日本において国民の知る権利に奉仕する報道機関としての責務に奉仕し，一定の役割を果たしてきた。また，政府権力側に対峙するためには，ジャーナリストたちによって自主的に組織された機関は必要であるというのである。
　さらに，クラブ擁護論の文脈では，とりわけ海外と比較した上で批判されることに不服があるようだ。曰く，米国でもドイツでもフランスでも，とくに政府周辺では同様の取材を目的としたグループができており，そこには独特のカルチャーも確認されるし，閉鎖性も見られる。ジャーナリストの自主組織は，強力な権力の中枢に立ち向かわなければならない局面になればなるほど（大統領府，首相官邸など），必要不可欠な機能集団である。日本の記者クラブという組織の閉鎖性や特殊性をことさらあげつらって批判するのは，おかしいのではないか，と。
　しかしながら，私は，以上のような反論は，ジャーナリストの組織論としての「記者クラブ」と，日本の「記者クラブ的なるもの」とを混同した議論だと考える。
　多くの場合，記者クラブを批判する側の言い分も，権力から言論の自由を保障することの意義，およびジャーナリストの自主組織の必要性など，記者の自律性と団結を促すような機能集団の必要性について疑義を差し挟むものではない。そうではなくて，記者クラブ批判とは，記者クラブを記者クラブとして成立させている「記者クラブ的なるもの」という日本のメディア企業独特のイデオロギーへの批判であり，さらには，このイデオロギーの基盤となる現代日本の閉鎖的メディア企業体質や既得権益に向けられた批判なのである。問題は，この「記者クラブ」と「記者クラブ的なるもの」は歴史的に抱き合わせで発展しており，しかもクラブでは不文律の内部ルールが支配しているために，どこからどこまでが形式的組織論で，どこからどこまでが利害が絡むイデオロギーなのかを峻別できないということだ。
　したがって，肝心の「記者クラブ的なるもの」とは何か，と問われれば，これはどこにもきちんと言語化されていないために，極めて相対的なものに

ならざるを得ない。たとえば、私が体験した「24時間常駐」「オフレコ取材」「ぶら下がり」「夜討ち朝駆け」「閉鎖性」「記者道的精神論」は、「記者クラブ的なるもの」の重要な構成要素であろう。しかし、重要であるとはいえ、決定的ではない。なぜならば、こうした事柄は、あらゆるジャーナリストにとって、特殊な情報を手に入れる局面において必要な要件でもあるからだ。しかしながら、これまで日本の主流メディア企業で構成される「記者クラブ的なるもの」は、こうした会社単位の非常に特殊な取材活動とそれに必要な組織体質や思想をこの国の報道の取材手法、つまり「職能」として主流化、日常化、体系化させた。さらに、こうした一連の取材スタイルを通して紙面や番組をつくりあげていく手法は、記者クラブを擁する企業に就職した記者たちこそが場数を踏んで習熟していくので、社会的なジャーナリストのプロフェッショナリズムの基準は、畢竟、「記者クラブ的なるもの」を基準として組み立てられていくことになった。

　他方で、これらの特殊な取材行動が職能において模範化されてきたことは、逆にこうした活動を日常化することが可能な、労働力に余力のある大メディアだけにジャーナリズムの「正統性」を付与することになった。ゆえに、官庁で記者クラブに属していないフリーがとつぜん現れて取材を申し込むと、それは相手にプロではない「亜流の記者」という心理的効果を与えることになる。「記者クラブ」という日本の報道空間の秩序の発達と日本のメディアの肥大化とは表裏一体の帰結であり、ここに日本における企業専制の"プロフェショナリズム"が確立していったのだと言ってよいだろう。

　「記者クラブ的プロフェショナリズム」がやっかいなのは、それが記者の行動規範や価値観であるだけでなく、取材先や情報源の側のメディア・イメージや情報秩序に関わる意識までをも侵食していくことである。日本の権力の中枢は、記者クラブが中心となってつくり上げてきたオフレコ取材、事前レク、懇談、会見、勉強会など、細分化された情報生産ルートの諸慣行の性質をひとつひとつ熟知し、それを便利に使い分けながら情報を提供する術を会得してきた。こうして、「記者クラブ的なるもの」は、取材される側である政界、法曹界、財界をはじめとするこの国の中枢権力の情報行動およびマスメディア観を形成し、そこから情報の価値体系までをも内面化してしまった。この国では、無意識のうちに、取材する側、される側の両者とも、「記

者クラブ・システム」中心の情報交換様式を基本とするマスメディア公共圏にどっぷりと浸かってきたのだった。

3 「記者クラブ的なるもの」の恣意性

　私の知る限りでは，近年，日本全国に広がる記者クラブには，「記者クラブ的なるもの」の色彩の強いところもあれば，比較的ゆるやかで弱いところもある。さらに言えば，ひとつの記者クラブを観察しても，時期によって「記者クラブ的なるもの」が強いときと弱いときがある。それはひとえに，記者クラブのある空間が「記者クラブ的職能」をどのくらい必要とし，そこに在籍する記者たちがその価値観にどこまで共鳴しているかという個人的裁量にもかかっていると思われる。つまり，「記者クラブ的なるもの」は，明文化したルールのない観念，慣行，そして因習の世界であるから，空間の論理や時代背景，そして個々の記者の主観と価値観に左右されるのだ。こうして，「記者クラブ的なるもの」が，最終的に「記者クラブ」という組織の秩序として出現する度合いには，大きな差が出るものと思われる。

　そのように，「記者クラブ」とは何か，をめぐる境界線が時間，空間，個人に強く依存して恣意的に動くことは，とりわけ記者クラブ外部の者たちにとって，その内実の全容を把握することをきわめて困難にする。不文律が尊重されるこのシステムは，業界の「他者」にとっては，ひどく不透明なものとならざるを得ない。あちらのクラブでよいことがこちらでダメ，こちらで共有されている合意はあちらでは禁止，とケースバイケースに振り回される。逆に，どこかのクラブの閉鎖性を批判すれば，それは個別ケースだと一蹴されかねない。日本新聞協会は，中央で改革を鼓吹してはいるものの，実際のところ，各クラブはあくまでも「自治」制にゆだねられているというアリバイを常に用意している。

　今回，フリーランス・ジャーナリストの今井一氏は，大阪市政記者クラブ所属の記者でないことを理由に大阪市議会財政総務委員会の傍聴を許可されなかった。これも，以上のような「記者クラブ」の典型的現象の一つであると言えよう。今井氏は，他の多くの自治体（例えば，東京都23区，東京都26市の全議会など）では認められている傍聴が，大阪市の場合に不許可になっ

た処分を不服とし，同市に対して慰謝料等の支払いを請求。しかしながら，一審で訴えは棄却された。

　この司法の判断は，あらかじめ予想されていたと言える。司法はあくまでもフォーマルな顔の記者クラブ，つまり「組織論」としての記者クラブに依拠して判断する。というのも，問題となる傍聴に参加可能なジャーナリストの定義の線引きは，日本ではいまのところ日本新聞協会が定める記者クラブ基準しかないからだ。そうなれば，当然，今井氏のようなフリーランスはそこから排除されてしまう。今回の大阪地裁の判例文では，次のとおりの論旨となっている。すなわち，「原告のように，委員会の会議に係る事実について，市政記者クラブに所属する報道機関ないし記者とは異なった視点から多様な情報を提供することは，それ自体，民意に基づく議会の審議ひいては民主的基盤に立脚した地方公共団体の健全な行政の運営に寄与するものであることはいうまでもなく，その価値は，市政記者クラブに所属する報道機関による報道の場合と比べていささかも減じるものではない」ものの，会議を傍聴する自由は「他者の人権と衝突する場合にはそれとの調整を図る上において，又はこれに優越する公共の利益が存在する場合にはそれを確保する必要から，一定の合理的な制限を受け得るもの」であるとし，「委員会の会議に係る事実を正確に報道することのできる能力，資質を欠く報道機関に傍聴を認めた場合に生じ得る弊害等にかんがみてあらかじめ設けられた本件先例のような合理的基準に従って」運用されたたとしても，「やむを得ないというべきであり，憲法21条1項に違反するということはできない。」（大阪地方裁判所判決平成19年2月16日・判例タイムズ1250号87頁）。

　これらの議論は，保守派が改革を渋る際に用いてきた，いわゆる「すべりやすい坂（slippery slope）」の論理に通底する。つまり，仮に今井氏一人の傍聴を許してしまえば，ほかの無能な記者たちの許可についても対応しなければならず，収拾がつかなくなる，という論法である。「すべりやすい坂」論は，歴史の局面で新たな現象が登場し，今ある制度や組織の疲弊・劣化が顕在化したときにもち出される。資格も能力もない，ジャーナリズムとは無縁の市民が大阪市議会の委員会傍聴依頼に押しかける混乱を想定すれば，記者クラブという根拠における制限，つまり線引きが合理的だと指摘しているわけだ。同様の判例を見てみよう。

「北海道記者クラブは，速報性のある新聞，放送等の分野の報道機関の記者によって構成される団体の取材拠点として一定の役割を果たしているというべきであるから，北海道記者クラブ加盟の報道機関の記者に記者席を確保することは，裁判の内容が迅速かつ正確に国民に対して報道されることに寄与することが期待できるものと考えられる。原告は，自己もジャーナリストであるから，優先的に傍聴席が確保されるべきであったと主張する。しかしながら，ジャーナリストの意義は一義的なものとはいえず，その取材対象や発表媒体等の活動状況も多岐にわたるのであるから，裁判所が，要請の都度，限られた時間で，その取材対象や発表媒体等について検討し，傍聴席確保の当否を個別に判断することは事実上困難であるうえ，結果的に差別的な取扱いが生じるおそれがあり，報道機関の報道行為，取材行為に対して国家機関が介入してはならないという報道の自由ないし取材の自由の趣旨に照らしても，相当ではないというべきである。したがって，そのための客観的に明確な取扱いの基準として，傍聴席を優先的に確保する者を速報性のある新聞，放送等の分野の報道機関の記者によって構成される北海道記者クラブ加盟の報道機関の記者に限定するという札幌地裁の措置には合理性が認められると判断するのが相当である」。

　（東京地方裁判所判決平成18年１月25日・判例タイムズ1229号234頁）。

　「記者クラブ」の理解をめぐる類似の司法判断はそのほかにも複数あるのだが，これら一連の事例から，明らかに次のことが言える。つまり，判例が繰り返し「記者クラブ」を「報道機関」の指標として参照し，先例を確立することによって，「報道機関」であるマスメディアもそれに甘え，多種多様な言論・表現活動の主体を包摂する可能性を立ち消えにさせるとともに，本来は豊穣であるはずの「ジャーナリズム」概念の貧困化を助長している。そして，それと引き換えに日本における「記者クラブ的なる」企業ジャーナリズムのほうは，しっかりと延命されてきたのだ。

4　「記者クラブ」を超える職能の承認へ

　日本の報道界において，記者クラブに所属しないフリーランスや雑誌記者，

外国人記者，政党紙記者が重要な役割を果たしてきたことは否定できない事実である。加えて，いま，新たなテクノロジーの発達を背景に，ビデオ・ジャーナリスト，インターネット・ジャーナリスト，ブロガーたちが台頭しつつある。新しいデジタル・テクノロジーが開く表現の世界には，言葉と映像の未知の可能性が広がっている。しかし，記者クラブがある以上，彼らは常に周縁の存在を余儀なくされるだろう。そのような状況はすでに若者層を中心に社会において充分に察知されており，公共性を標榜するマスメディアの言論は，彼・彼女の視点から見れば欺瞞と映り，ますます説得力を失なっていく。

そもそも，ネット経由でだれもが不特定多数の人に向けて瞬時に情報を提供できる時代に，クラブに日々「出社」して発表モノの加工を主務とする記者たちをして「一定の実績を有する」と言う根拠はどこにあるのだろうか。逆に，日本新聞協会・民放連等の加盟社に属さないフリーたちが，「報道機関として一定の実績が明らかではない」と一律に司法に判断され，その仕事や活動を公的に承認されない状況について，市民としての我々はどのように考えればよいのだろうか。

前節ですでに見たとおり，これまでの記者クラブ関連のさまざまな判例では，「報道機関」の定義を適切に見極める基準としての「記者クラブ」を尊重することについて合理性を欠くとは言えないという判断が再三登場していた。おそらくは，ここが司法の限界なのだろう。しかし，私はいま，手許にあるこれらの判例を読むたびに思う。日本の良心的なメディア企業幹部や著名ジャーナリストたちは，こうしたこの国における極めて退屈な，報道に関して個人の職能という観点にまったく無関心な考え方を基にした判例を読んだことがあるだろうか。

これまで，この国では，報道の仕事や実績が，単に「記者クラブ」，あるいは「放送局・新聞社・通信社」に所属しているかいないかでプロフェッショナリズムが判断されてきた。メディアの社会的責任を自認し，天下国家を論じる優秀なメディアのエリートたちは，「記者クラブ」が果たしてきた一定の機能を認めよ云々の後ろ向き議論をする前に，そもそも足元の，自分たち自身の記者やジャーナリストという職業そのものの将来について，どの程度真剣に考えているのだろうか。「記者クラブ」という企業イデオロギーに

支えられている組織を超えて，しかも市場原理や政策やテクノロジーの発展によって強制されるのではない形で，多様な働き方をする多様な表現者たちと自主的に連帯しながらこの国の「ジャーナリズム」の新たな制度化構想を広げていかなければ，いつかは表現活動の自由そのものが資本や権力の前に躓くことになりかねない。それとも彼らは，企業に属さないさまざまな表現者たちの処遇を真剣に考えることをしなくても，これまでどおり自分たちは企業に守られて，将来もこのままでなんとかうまくやっていけると考えているのか。実は，これが私の「記者クラブ」問題に関して，現役の記者たちに問いかけたいもっとも大きな疑問である。

　最後に，今後の議論のために参考までに付け加えておくと，ジャーナリストの仕事が将来に向けて持続的に豊かに，少しでも質の高いものとなるように，世界の国々ではこの職業の定義について，いろいろな構想と制度的工夫が施されてきた。たとえば，ジャーナリストとして一定の収入があることを証明すれば，ジャーナリスト職能組合に加盟し，「プレスカード」を発行しもらってジャーナリストとして仕事をし，記者会見などに参加できる仕組みを設ける国（ドイツ，フランスなど）。

　あるいはそれよりも一歩踏み込んで，ジャーナリスト資格試験を受けるか，継続的にジャーナリストの活動を行なってきたことを職業組合や第三者機関に証明してもらうことによって「プロフェッショナル・ジャーナリスト」として職能組合に登録する制度を設けている国（イタリア）など。どれも議論の余地のあるやり方ではあるが，ジャーナリズムの職能秩序を，企業の経営側ではなく，ジャーナリストたちの自主組織で透明性をもって決めていこうという試みの一部である。

　さらに，多くの国では，フリーランス・ジャーナリストをはじめとするクリエイターや表現者たちの社会保障制度の拡充は優先順位の高い課題である。各国のジャーナリスト職能団体が労働組合でも，いまや「フリー部門」はもっともメンバーが多く，フリーランスの処遇は最重要課題として掲げられている。つまり，メディア技術の発展がめざましい時代において，多様で質の高い言論活動を柔軟な働き方を通して社会全体で保障することが急務であるという認識は，ほとんどの先進諸国で一致している。

　さて，日本の言論界の再編および文化水準の底上げのためには，どのよう

な選択が将来構想としてベストだろうか。その点は，当然のことながら検討の余地はある。しかし，少なくとも「大企業で働いているか否か」という理由だけで「ジャーナリストであること」を定義して済ませてしまう国は，自由主義世界ではおそらく日本ぐらいのものだろう。

（はやし・かおり）

第9章

記者クラブはテレビ局の
生命線である

浮田　哲　テレビディレクター

1　無所属に冷たい日本

　日本は本当に「無所属」に冷たい社会だと思う。クレジットカード発行の申請用紙にも、レンタルビデオ店の入会申込書にも、どこかの会社を訪問して記入させられる来客者カードにも、必ず「勤務先」を問う欄がある。そういう書類だけではなく、会社などに電話をして知り合いを呼んでもらう際にも「浮田ですが」と名を告げるとほとんどの場合「どちらの浮田様でしょうか？」と問い返されて、すんなり取り次いでもらえないのが普通である。そこには「人間はどこかに"所属"していて当たり前」という暗黙の約束がある。勤務先の欄に「なし」と記入するのは相当に勇気のいることだし、クレジットカードなどはそれでは発行してもらえなかったりする。
　私が放送局という世間的にはしっかりした組織を離れて仕事をするようになったときに最初に感じた違和感はそういう所にあった。そして以来20年近く経つが、その認識は変わらない。新入社員が3年で離職し、派遣社員が増え、サラリーマンの組織に対する帰属意識が低下しているといわれる現在においても、相変わらず世間の風は「無所属」に冷たいのである。
　組織の中で生きることを専らとしてきた人たちは、もらった名刺を一瞥して相手の会社名と役職名をすばやく確認し、それで相手との距離を測る。

「組織名と役職名」の二項目を手がかりに相手を自分の頭の引き出しのしかるべき場所に収納し、ようやく安心する。この作業を行なってはじめて「得体の知れない相手」が「具体性を持った個人」として認識できるのである。

　ここで問題となるのは相手が「何であるのか」ではなく、「どこに所属しているのか」ということである。したがって私が「テレビディレクター」とか「演出家」という「何であるのか」しか肩書きとして刷り込まれていない名刺を渡すと相手は困惑する。「得体の知れない相手」がいつまでも得体の知れないままで居続けるからである。ことほどさようにこの国では「どこに所属しているか」は重要な問題と見なされる。

　さて、私はテレビの業界関係者という立場から、テレビ局にとっての記者クラブの存在について考えてみたい。
　私の所属するテレビの世界について、特に番組制作者たちについて考えてみると、ひとつハッキリしていることは、現在の日本のテレビ番組は制作会社の力なしでは成立しないということである。テレビ局には自社の番組をすべて自社の社員で制作できるほどの人員の数もなければ、人材もいない。というよりも、事業の根幹である「番組制作能力」をそれほど重要視していないように見受けられる。現場でバリバリやっているディレクターも、30代も半ばを過ぎる頃にはプロデューサーに昇格する。ディレクターとしてはひとつの番組を担当するだけで手一杯でも、プロデューサーならば数番組をかけもちすることができる。限りある人材を有効に活用しようとすれば、手間と時間がかかる現場の仕事は外注し、管理者であるプロデューサーだけを社員でまかなうほうがいい、ということになる。
　しかもテレビ局の社員がサラリーマンとしての出世を目指すのであれば、いわゆる「現場」はそこそこに営業部門、編成部門、総務、経理、人事といった管理部門を経験するのが早道である。もちろん「現場」を希望して入社した新人が、全員が希望通りに配属されるわけではないのは他の企業と同じ。テレビ局でも意に反して「現場」以外の職種でサラリーマン人生を歩む者も多いが、それが理由で離職する割合は極めて低い。それは「何であるか」より「どこに所属するか」が優先するひとつの証左にもなるが、そもそも、テレビ局は現場にしか適応できないようなスペシャリストを採用していないと

いう言い方も可能であろう。

　一方，制作会社の社員に求められる能力は「番組制作能力」に特化している。そこで使い物にならなければ，速やかに退場を余儀なくされることになる。また，能力を開花させた者は会社の所属にこだわることなく，求められるがままに条件の良い会社に移ったり，もしくはフリーランスとして仕事を続けていくことができる。要するに「プロフェッショナル」であることが何よりも優先される世界である。そこでは自分が「何であるか」「何ができるか」および「何がしたいか」だけを考え，そのために「どこに所属するか」という問題が後からついてくるという関係になる。

　テレビ局と制作会社の両方を経験した私の感覚でいえば，人材の質だけみればテレビ局には相当優秀な人材が集まってくる。もちろん，その優秀さというのは先ほど述べたような広範囲な仕事をこなせるジェネラリストとしてバランスの取れた人材という意味あいが強い。こと「番組制作能力」という点でみれば，その立場の違いによって能力差が出てくるのは当然であるように思える。つまり「それがなければ生きていけない」世界で鍛えられているかどうか，という点でテレビ局の社員と制作会社の社員では戦う「土俵」が最初から違うという言い方もできる。

　戦いの土俵からは何人もの特色あるディレクターが生まれている。「プロフェッショナル」として生き残るためには，他人とは違う"自分だけの武器"が必要となる。制作会社やフリーランスの中には，独自のクリエイティビティーで撮影の方法論を開花させたディレクターが存在する。もちろん本当に優秀なディレクターは一握りであるが，彼ら（彼女ら）が率先してテレビの新しい演出方法を開拓し，映像表現の可能性を広げてきた。そして，現在のテレビ番組の根底を支えているのは，そういう「プロフェッショナル」と明日の「プロフェッショナル」を目指して寝食を忘れて制作に没頭する制作会社の名もなきディレクターたちなのである。

　そういう言わば無名戦士たちの労働環境は決して良好ではない。巷間言われるように若くして高給をもらい，福利厚生などの面からも手厚く処遇されているテレビ局員に比較して，制作会社スタッフの置かれている環境は確かにシビアである。ただ，彼ら（彼女ら）が仕事を続けていけるモチベーションは「自分の作った番組を見て撮影した家族が喜んでくれた」とか「番組を

見た視聴者から『とても良かった』という反響があった」というような，ある意味でピュアな制作者としての喜びにある。制作会社における制作現場はそういう個人的な満足感によって支えられているともいえる。

2　「外部」が進出してきた「報道番組」

　かつては制作会社が制作する番組の分野はドラマやバラエティー番組，情報番組やドキュメンタリー番組など非報道系番組が大部分であったが，最近では報道局が担当するニュース番組にも大量の「外部」と呼ばれる制作会社に所属するディレクターが参画しており，通常の仕事の中では社員も「外部」もその立場に関わらずニュースの取材をし，現場のレポートをこなしている。

　制作会社が大きく関与して始まったニュース番組といえば，オフィス・トゥー・ワンが制作協力していたテレビ朝日の「ニュースステーション」（1985年番組開始）がそのさきがけであるが，番組開始当初は局内にもニュース番組を制作会社が主導となって制作することには反発があり，報道セクションからは異端児のようにみなされていた時期もあったという（「ニュースステーション」の成功は，結果的にテレビ朝日のイメージと収益アップにかなり貢献したにも関わらず）。

　制作番組では当たり前であった番組の外注がニュース番組にまで及んだときに起こった反発の原因には「報道はテレビ局の聖域」という考え方がある。今でもテレビの将来を語るときに「最終的に残るのは報道とスポーツ中継」という言い方があるが，それはつまりドラマやバラエティー番組はすべて制作会社が制作するようになっても，報道番組だけはテレビ局が自社で制作する，ということである。見方を変えれば，テレビ局における報道番組とはテレビ局が単なる電波販売（レンタル）業ではなく，報道機関，メディア企業であるための最後の一線であるともいえる。

　外から見ていると不可解なことも起こる。報道番組では糾弾している政治家が同じ局のバラエティー番組では人の良いクイズ回答者として登場したり，ニュースでは新興宗教による若者の洗脳を問題にする一方で，怪しげな霊能者が堂々と主役を張るバラエティー番組がゴールデンタイムに登場したりす

る。そうした自己矛盾にテレビ局は極めて無頓着かつ鈍感にみえるが，それは「バラエティーと報道は別」という内部での差別化が関係しているように思われる。実際，テレビ局内では番組の担当部署が相当意識されて語られることが多く，「あの番組は報道の担当だからチェックが厳しい」とか「制作番組で外注だからしょうがない」というような会話が交わされている。視聴者にとっては報道の番組であろうと制作会社の番組であろうと区別して視聴しているわけではなく，また一々番組内で但し書きが添えられているわけでもないので，局内のそういった区分は何の意味も持たない。ただ，テレビ局内では「報道」はやはり特別な地位を占めていることは間違いない。そして，その特別視される大きな理由に記者クラブの存在がある。

3 「報道」の聖域，記者クラブ

　どれだけ制作会社が頑張ってみても「外部」ではどうしようもない壁が報道番組にある。それが記者クラブであり，そこに所属する放送記者となることである。制作会社やフリーランスが個人で記者クラブに加盟することはできない。つまり，記者クラブがある限り，報道番組はテレビ局が主体とならない限り制作することは不可能である。同じようにテレビ番組制作の仕事をしつつ，実績を積み上げてきた「外部」ディレクターは，ここにおいて能力ではなく制度による壁に阻まれることになる。

　実際，私がニュース番組の特集企画を制作する際に，取材先から「記者クラブを通してくれ」と言われることもあった。そうなると局員である記者にお願いして話をつけてもらわないことには一歩も先へは進まない。そういう過程を経て取材に入ると「あまりに批判的な放送をするとテレビ局の記者に迷惑がかかるのではないか」といった気の使い方をすることになる。批判をされたから以後の取材協力を手控えるということはあってはならないことだが，現実にそういう事態を引き起こすなら，こちらとしても躊躇せざるを得なくなる。そこには発注者であるテレビ局と，受注者である「外部」という立場の違いが厳然としてあるのだ。

　ここで問題になるのは「報道」の世界において，テレビ局の社員ディレクターや記者がその特権に見合うだけの役割を全うしてきたかどうかという点

である。そして，この点においても疑問を持たざるを得ない。復興支援として自衛隊が派兵されたイラク，サマワでの活動。自衛隊への同行取材は最初から防衛庁発行の取材員証等の許可がない限り許されず，さらにサマワの治安情勢が悪化する中，自衛隊の要請によって報道陣は早々に"横並び"で完全に撤退してしまった。報道各局が社員を引き上げる中，自衛隊の海外での活動を見届けようとしたのはフリーランスばかりで，テレビの報道番組にイラクから映像を提供したのはビデオジャーナリストたちであった。今（2007）年9月，ミャンマーで起きた民主化デモにカメラ一台を持って飛び込んでいき，撮影中，治安部隊に撃ち殺された長井健司さんも，そうしたビデオジャーナリストの一人だ。

企業として成熟したテレビ局は社員に命をかけさせるような戦場の取材はできなくなってきている。そういう意味では「どこに所属しているか」ということよりも「何であるか」を一義的な動機とする「プロフェッショナル」でなければ，戦場報道の仕事などはできないともいえる。

記者クラブ制度は日本独特のムラ社会を体現しているといわれる。各社"特オチ"のないように情報を共有しようという互助システムであり，また内輪でしか通用しない細かなルールを設け，どこかの社がそのルールを破らないように見張る相互監視システムである。その行動原理はサマワに一緒に行き，一緒に帰ってきた行動に如実に表れている。ムラ社会では突出した行動は許さないのである。

もし，ビデオジャーナリストや外部ディレクターの精鋭が定例の記者会見に出席できればどうなるであろう。多分，現在よりももっと有意義な質問を権力者にぶつけるに違いない。少なくとも他者と差別化することによってのみ自分を生かすことができると覚悟している記者達が会見場に集まることで，会見はもっと真剣なやりとりの場となろう。

またテレビでの表現は活字とは違い，取材対象者の言葉だけが対象となるわけではない。映像でいかに表現するかということに自覚的なディレクターが記者クラブに入ることで，変わり栄えしないお決まりの映像にも新しい発見がなされる可能性もある。例えば，記憶に新しい安倍晋三前首相のぶらさがり会見。ある日「国民に話しかける」という意図で彼が不自然なカメラ目

線で話すことを始めたのはご存じの通り。質問者をひとりのジャーナリスト，というか生身の人間としてリスペクトしない安倍の態度に文句をつけても良さそうなものなのに誰もそれを指摘しなかった。もし私のようにドキュメンタリーで人間を描くことを専らとしてきたディレクターならば，安倍という人間のひとつの側面を映像で表現できる絶好のチャンスだと考える。

　ところが，毎回安倍の顔以外の映像が画面に現れることがなかった。サイズもワンパターン。回り込んで安倍の目線からレンズが離れるようなカメラワークをしようともしなければ，質問者と安倍をひとつの画角の中で描くことにより，その不自然さを強調しようという工夫もなかった。映像表現には様々な可能性があり，工夫次第では言葉よりも多くのメッセージを込めることができる。横並びで同じ映像を撮って満足している限り，そういった可能性を探ることは難しいように思う。

　もし百戦錬磨のディレクターたちが腕を競い合って現場取材を行い，結果として今までにない面白いレポートが生まれるならば，テレビ局がその映像を買ってニュースにしても問題はないわけである（現にイラクではそういうことになっている）。アウトソーシングによって効率化を促進してきたテレビ局にとっては，むしろその方が自然な流れでもある。実際，戦争というような特殊なケースに限らずニュース番組という場所が与えられることによって"得意技"を身につけた「外部」ディレクターが生まれている。北朝鮮に独自のルートを開拓したディレクターや，最新医療や経済に滅法強いディレクターなど枚挙にいとまがない。彼らが"得意技"を身につけていく過程には，"横並び"では自分が埋没してしまうという危機感があり，そこにはジャーナリズムの世界に不可欠な競争原理がある。

　そう考えてみると「テレビ局に最終的に残るのは報道」といってもそれは「現行の記者クラブ制度が存在する限り」という括弧付きではないだろうか。逆にいえば記者クラブ制度によって，テレビ局はかろうじて報道機関足り得ている，という皮肉な指摘もできるのである。

4　今井氏が提起した問題

　今井一氏の今回の問題提起にはふたつの側面がある。ひとつは一般市民に

議会の委員会傍聴がなぜ許されないのか、ということ。もうひとつは記者クラブに認められた"特権"とは何なのか、ということである。

今井氏はフリーランサーとして長年地道な活動を続けてきたジャーナリストである。各国で実施された国民投票や日本各地で行われてきた住民投票を足まめに取材するに留まらず、「憲法9条」や「国民投票法」をテーマとしたシンポジウムを仲間と共に度々開催するなどして、憲法問題を担う国会議員たちとは与野党に関係なく公開の場で頻繁に意見交換を重ねてきた。

また、国会における憲法改正手続き法案(国民投票法案)の策定にあたっては、衆参両院の憲法調査特別委員会に参考人・公述人として5度にわたって招致されており、その回数は著名な法律の専門家や学者を凌駕している。

つまり、国民の最高意志決定機関でさえ、彼の経験と見識を"有効活用"しているのである。今井氏が市民感覚とバランス感覚を兼ね備えたジャーナリストであることは間違いない。しかも彼は大阪を拠点に活動しているのである。たとえ委員会傍聴の許諾権が委員長にあり、物理的に全ての市民に公開できないとしても、いや、そうであるならなおさら、今井氏のような人物にこそ自分たちの委員会での議論を見せ、必要とあれば意見を聞こうというセンスを大阪市の議員たちは持ち合わせていないのであろうか。そこには開かれた議会への自覚というものがまるでないように思われる。

そして、記者クラブだ。今井氏の傍聴拒否を受けた記者クラブ会員各社への公開質問状の回答を見る限り、マスメディア各社の担当者の意識は市民と議会や行政、言い換えれば国民と権力の間に立って、それを監視し、より広い視点からの議論を喚起しようという当事者意識が欠如しているようにみえる。

記者クラブ制度の弊害については、これまでも色々な指摘がされてきたが、その最大の問題点は記者クラブが他者を排除し情報を独占することである。取材者が情報源と密接になることで、より深い取材が可能になるというメリットがあるというが、逆に取材のコントロールを容易にし、懇意になることでかえってスキャンダルが表に出にくくなるという構造も内包する。スクープが記者クラブの外で発覚し、社会問題化することも多い。

今井氏はこれまでも地元大阪のテレビやラジオ番組に頻繁にゲストコメンテーターとして招かれ発言してきた。また、新聞社、通信社の求めに応じ地

方自治に絡むインタヴューに応じたりもしている。だが，新聞の各社の質問状に対する回答には，同じジャーナリズムを担う一員として今井氏をリスペクトするという姿勢がまったく感じられない。利用できるときは利用しておきながら，自分たちの非を追及する厄介な存在になると見て見ぬふりという態度は許されないだろう。

　今井氏の投げかけている問題は，議会，市民，マスコミの3者の在り方について考えるうってつけの教材ではないか。記者クラブ会員各社にはこれを絶好のチャンスと捉え，形骸化しつつある記者クラブについてじっくりと見直すきっかけにするくらいの懐の深さを見せて欲しい。

　さて，私は今井氏と旧知の間柄であるが，そもそものきっかけは私がかつて勤務していた大阪にある放送局の社員ディレクターとして今井氏にゲスト出演を依頼したことに始まる。80年代後半の東欧社会主義国の崩壊，それに続くソ連の解体は日本のテレビ番組においても連日トップニュースを飾っていた。当時，ポーランドの「連帯」と行動を共にし，その活動をつぶさに見聞きしていたジャーナリストは今井氏をおいて他にはいなかった。いや，ジャーナリストのみならず，そんな日本人は他にいなかった。ポーランドが自由化して以降も精力的に日欧を往復し，独自に取材ルートを開発していく今井氏のパワーはテレビ局員とは異質のものであった。

　まさに今井氏は解説者としてうってつけだったのだ。そういう意味で，私もテレビ局員として今井氏を利用してきたひとりである。私は実際に局員としては"できない"部分（しかもそれは現場取材という報道機関の根幹部分）を今井氏に託していたことになる。私の勤務していた放送局は今回今井氏が送付した二度の公開質問状に対して全く回答をしていない。私としてはそのことが残念であり，また今井氏に申し訳なく思う。

　私はその後，放送局を辞め，フリーランスとして，制作会社の社員として，時には制作会社の経営者として，20年近くテレビの制作現場にディレクターとして関わり合ってきた。

　関西テレビの「発掘！あるある大事典Ⅱ」の捏造事件で，テレビ局がいわゆる下請け制作会社に番組を丸投げしている実態が問題になったが，テレビ界の抱えるヒエラルキー構造，つまり放送局を頂点とする番組制作の現場の構造は，地元の取材現場から今井氏を排除するという構造と同質のものがあ

る。つまり，メディア企業と現場という視点から見て，真の作り手，もしくは真の発信者が不当に扱われているのではないか，という問題である。彼ら（彼女ら）が「所属」によってではなく，その「能力」によって正当に評価が下され，自由にその能力を発揮できる社会にならなければ，結局のところ社会的損失を負うのは市民なのである。彼らこそが真の「無冠の帝王」なのだから。

(うきた・てつ)

第3部

大阪市会の委員会傍聴拒否を糾す裁判

第10章
委員会傍聴拒否裁判の争点と意義

折田泰宏　弁護士

1　はじめに

　今井一氏は，当時執筆中の書籍の取材のため，2005（平成17）年3月14日に開催された大阪市議会財政総務委員会の傍聴をするべく，大阪市会委員会条例（以下「本件条例」という）12条第1項（「委員会は，議員のほか傍聴を許さない。但し，報道の任務にあたる者その他の者で委員長の許可を得たものについては，この限りではない。」）に基づき，同委員会委員長村尾しげ子に許可申請をしたところ，2005年3月7日，同委員長はこれを不許可処分とした。
　これが本事件の発端である。
　今井一氏からこの裁判の相談を受けた時，同種事件で既に敗訴の先例があり難しい裁判になることは判っていたが，この問題をいつか解決しなければ地方自治体の未来はないと考えていたことから二つ返事で引受けた。幸いにも若手の山下真，角谷洋一郎弁護士が一緒にやってもらえるということで心強くもあった（もっとも山下真弁護士は裁判途中に生駒市長に職業替えしてしまったため戦線から離脱してしまったが）。
　少なくとも，国とは違って直接民主主義で制度設計されている地方自治体では，市民の知る権利は，与えられるものではなく，請求できるものとして

認められるべきである。しかし，過去の裁判例ではどういう訳か憲法論を持ち出していない。今井訴訟では正面から憲法上の人権論争に持ち込み，下級審での結論は期待できなくても最高裁判所での議論に持ち込もうと考えた。

また，過去の裁判例は，条例の文言に囚われて行政側の自由裁量を大幅に認めるという，行政に対する司法の役割を忘れた時代遅れのものであり，また「文書公開」から「会議の公開」にという時代の潮流を理解していないものであって，憲法論を展開することで改めて司法の判断を仰ぐ意義があると判断した。

裁判の形式としては，村尾しげ子委員長が大阪市議会の議員であり，大阪市の特別職たる地方公務員であることから，国家賠償法第1条により村尾しげ子の不法行為による今井一氏の精神的損害に対して大阪市に賠償を求めることとした。

2　本裁判の争点

本裁判の争点は多岐に及んでいるが整理すると以下のようになる。

(1) 大阪市会委員会条例12条1項は，国民の知る権利を侵害するため憲法21条1項に違反し，報道機関の取材の自由を侵害するから憲法21条1項に違反する。

(2) 村尾委員長が不許可の理由とした大阪市議会先例集（以下「先例集」という。）314（「委員会は，市政記者の傍聴を許可する。委員会は，議員のほか報道の任務に当たる者のうち，市政記者クラブ所属の報道関係者の傍聴を許可している。昭和42年10月16日の各派幹事長会議の決定により，機関誌の報道関係者の傍聴は認めていない。」と記されている。）は報道機関の取材の自由を侵害するから憲法21条1項に違反する。

(3) 本件不許可処分は，国民の知る権利を侵害するから憲法21条1項に違反し，また報道機関の取材の自由を侵害するため憲法21条1項に違反する。

(4) 先例集314は，合理的理由がなく憲法14条に違反し，同先例集314に従ってなされた本件不許可処分も憲法14条に違反した不合理な差別である。

(5) 本件不許可処分は，法の趣旨・目的に従ってなされたものとはいえず，平等原則に違反し，社会通念上合理性を欠くものであるから，裁量権の濫用

であり違法である。

　上記争点は，被侵害権利から分類すると，「知る権利」侵害（本件条例12条1項自体，本件不許可処分による），「取材の自由」侵害（本件条例12条1項自体，先例集314，本件不許可処分による），憲法14条違反（先例集314，本件不許可処分による），裁量権の濫用による違法に分類できる。本稿はこの整理に従って争点の説明をしたい。

3　私どもの主張の要約

(1)　「知る権利」の侵害
ア　憲法21条1項と「知る権利」

　憲法21条1項は，「集会，結社及び言論，出版その他一切の表現の自由は，これを保障する」と定めているが，最高裁判決は，「各人が自由にさまざまな意見，知識，情報に接し，これを摂取する機会をもつことは，……民主主義社会における思想及び情報の自由な伝達，交流の確保という基本的原理を真に実効あるものたらしめるためにも必要であって，このような情報等に接し，これを摂取する自由は，右規定の趣旨，目的から，いわばその派生原理として当然に導かれるところである。」と述べており（最高裁昭和52年(オ)第927号同58年6月22日大法廷判決・民集37巻5号793頁，同昭和63年(オ)第436号平成元年3月8日大法廷判決・民集43巻2号89頁参照），知る権利が憲法21条によって保障された基本的人権であることは確定した判例である。

　また，市民的及び政治的権利に関する国際規約（以下「人権規約」という。）19条2項も「すべての者は，表現の自由についての権利を有する。この権利には，口頭，手書き若しくは印刷，芸術の形態又は自ら選択する他の方法により，国境とのかかわりなく，あらゆる種類の情報及び考えを求め，受け及び伝える自由を含む」と規定しているのも，同じ趣旨である。

イ　議会，委員会の傍聴と知る権利との関係

　合衆国憲法の制定者の一人であるジェーズム・マディソンは，「民衆が情報を持たずまたそれを獲得する手段のない民衆的政府というのは，道化芝居の序幕か悲劇の序幕に過ぎず，あるいはその双方かもしれない。知識は永久に無知を支配するであろう。」と述べ，また，同国が1966年に情報自由法を

会議の模様をモニターで傍聴する「傍聴者控え室」。市役所内に設置されている〔写真：今井一〕。

制定した際に，当時の司法長官ラムジー・クラークは「政府が真に人民の，人民による，人民のためのものであるならば，人民は，政府の活動を詳しく知らなければならない。秘密ほど民主主義を減殺するものはない。自治，すなわち，国事への市民の最大限の参加は，情報を与えられた公衆についてのみ意味があるにすぎない。」と述べている。

我が国でも，このことが次第に認識されるようになり，各自治体では公文書情報公開条例が整備され，また1999（平成11）年には「行政機関の保有する情報の公開に関する法律」が制定されているところである。

しかし，情報公開は，行政機関の保有する文書に限定されるべきものではなく，合衆国では1972年に連邦レベルで諮問委員会の会議の公開を義務付ける連邦諮問委員会法が，1976年に行政委員会の会議の原則公開を義務付けるサンシャイン法（the Sunshine Act）が制定され，また現在全ての州で会議公開法が制定されている。

議会，委員会の傍聴は，この知る権利の一環として当然に憲法上保障された権利として考えるべきである。

ウ　我が国の違憲状況

　しかしながら，我が国では，憲法57条が議会の会議を公開すると定めており，地方自治法115条が議会の会議の公開を義務付けているが，この会議には，常任委員会，議会運営委員会，特別委員会の会議は含まれないと一般に解されており，自治省が作成した標準「委員会条例」のひな型に従って，ほとんどの自治体が本件条例と同様の条項を設けている。

　しかし，自治省のひな形によって制定された本件条例は1956（昭和31）年9月30日の時代のものであり，民主主義社会における情報公開，知る権利の重要性が全く認識されていなかった時代の産物である。しかも，現在の地方議会では，ほとんどの議案は常任委員会の審議に付され，そこで実質上の審議がなされ，本会議の議事は単なる形式的な儀式になってしまっているのが実情である。従って実質的な決議機関と化している委員会について市民の傍聴が認められない限り，本来憲法57条，地方自治法115条が目的とした意図は全く実現しないことになる。

　1998（平成10）年5月29日に閣議決定された地方分権推進計画においても「地方公共団体に対し，委員会審議の公開等議会審議の公開制を高めるとともに，夜間議会の開催等住民の関心が高まるような会議運営に努めるなど地方議会の一層の活性化を推進するように要請する」とされており，2003（平成15）年の調査では全国688市における常任委員会の公開状況は，35.5％にあたる244市が原則自由公開としている状況にあり，大阪市のように慣例的に公開しないとする違憲的扱いをしている市は15市に過ぎない。

　エ　本件条例12条1項と知る権利の侵害

　本件条例12条1項は委員会傍聴を原則禁止し，例外的に委員長の許可があったときに傍聴が許されるという法形式をとっている。しかし，表現の自由のような優越的地位にある基本的人権は，原則的にこれを制限することは許されず，もし制限するには，法律でその根拠を定めるだけでなく，その目的に沿って範囲，基準を定めなければならない。しかしながら，本件条例12条1項は，何らの要件も定めずにこれを一律に制限しながら，その権利を制限する要件・程度を全く定めていないから，本件条例12条1項は，それ自体，憲法21条1項に違反する。

　オ　仮に本件条例12条1項の規定自体は憲法違反でないとしても，本件不

許可処分は，国民の知る権利を侵害する違法なものである。

　すなわち，国民の知る権利のような優越的地位にある基本的人権を制限するには，それに優越する合理的理由が必要であり，本件条例12条の適用により傍聴の不許可処分をなすには，これを制限する合理的な理由が存在するときに初めて許されるものといわなければならない。その合理的理由というのは，委員会室の収容人員による制限か，委員会における秩序維持あるいは審議の秘密保持の必要性が想定されるだけである。

　しかしながら，大阪市においては委員会室は非常に広い部屋が使われている。委員会室内は，多数の座席があるだけでなく，これらの座席はかなり空間に余裕を設けて並べられているから，より詰めて座席を並べることは十分可能である。従って，委員長としては，原告の席が確保できるか否かを確認し，仮に現在の固定席が満席であると予想される事情があったとしても，事前に席を補充して準備するなど他の選択手段が存在した。しかも，傍聴希望者はこの時には原告一人であったから，席の確保ができないという理由が成立することはあり得なかった。

　しかし，委員長は今井氏の傍聴許可を判断するに際してこれらの対応はまったくせず，本件先例集314だけを理由に原告の傍聴を許容しなかったものである。また，秩序維持，秘密保持の必要性も本件条例では委員長に退場命令，秘密会の処置が認められているから，傍聴不許可の合理的な理由とならない。

　なお，大阪市議会では市民向けモニターを庁内の一階ロビーに設置し，委員会傍聴の代替措置を採用しているが，そのモニターの画面は小さく，委員会全体の様子や雰囲気を伝えることはできない（本書135頁の写真参照）。また，撮影カメラを操る側の恣意的あるいは不注意なカットにより，その場の重要な場面が伝えられない可能性があり，傍聴しておれば知り得た情報が，モニターでは得られなくなるおそれがある。したがって，モニターは，傍聴の代替措置として不十分である。

(2) 取材の自由の侵害

　ア　取材の自由と表現の自由

　憲法21条1項は，表現の自由を保障しているところ，表現行為の一部であ

る報道の自由には憲法の保障が当然に及び，報道の不可欠の前提たる取材についてもこれを保障しなければ，自由な表現（事実の報道）を行い得なくなるから，これにも憲法の保障が及ぶと考えるべきである。

　イ　表現の自由とＬＲＡの基準の本件への具体的あてはめの検討

　表現の自由に対する規制の違憲性の判断基準としてＬＲＡ基準の採用を主張する。このＬＲＡの基準とは，「人権の制約は，正当な目的がある場合でも，その目的を達成するのに他にとりうる手段があり，それによれば人権の制約がより少なくてすむという場合には，より制限的でない他の選びうる手段（Less Restrictive Alternative）があるから，必要最小限の範囲を超える制約を課すことは違憲と評価される。」という基準である（田島泰彦ほか編『現代メディアと法』〔三省堂，1998年〕27頁）。

　この基準を本件の事実関係に当てはめてみると以下のようになる。

　　a　本件条例第12条1項の趣旨，目的

　大阪市会の委員会を原則，許可制にしたことの趣旨ないし目的については以下の理由が想定される。

　(a)　委員会室の収容人員による制限

　(b)　委員会における秩序維持

　(c)　秘密保持

　　b　ＬＲＡ基準の検討

　本件条例の上記の趣旨ないし目的を実現する上で，本件条例12条1項が定めている許可制は，以下の通り，他の選びうる手段があるため，採用すべきでない。

　(a)　空間的問題について

　大阪市議会の委員会室[*2]は，委員席以外に89席[*3]が用意されており，しかもそれでも床のスペースは十分にゆとりがあるから，椅子を補充すれば，さらに50席以上は確保できる広さを有している。

　(b)　委員会の秩序維持問題について

　本件条例2条3項によれば，委員会の「委員長は，秩序保持のため，傍聴人の退場を命ずることができる。」と規定しており，委員長は，その都度，問題を起こし審議を妨害する者を退室させれば，委員会の秩序は保たれる。このように委員会の秩序維持という観点でも，許可制を採用するよりも他の

選びうる制限的でない手段がある。

（c）秘密保持問題について

本件条例12条2項によれば，委員会は「その決議により秘密会とすることができる。」と規定され，委員会は，その都度，秘密保持が必要な事案の審議については秘密会とすることができる。すなわち，秘密保持という観点でも，許可制を採用するよりも他の選びうる制限的でない手段がある。

イ　先例集314と取材の自由の侵害

本件条例12条1項の運用規範である先例集314は，「委員会は，市政記者の傍聴を許可する。」としており，この「市政記者」とは，市政記者クラブ所属の報道関係者のことであるとしている。この先例は1967（昭和42）年10月16日の各派幹事長会議の決定によるものとされているが，長年の間に市政記者クラブの記者のみを許可する運用が定着し，この先例はもはや条例に準じる規範性を有したものとして扱われていると解することができる。すなわち，本件条例と先例集314が一体となって，委員会の傍聴を市政記者クラブの記者のみに許可する扱いが定着している。従って先例集314も憲法21条1項による取材の自由を侵害するものである。

ウ　本件不許可処分と取材の自由の侵害

仮に，先例集314自体が憲法違反でないとしても，本件不許可処分は，取材の自由を侵害し上記の理由で憲法に違反する。

(3) 憲法14条違反

ア　本件条例12条1項の運用規範たる先例集314は，記者クラブの加盟記者とそうでない報道記者とを合理的な理由なく差別しており，それ自体憲法14条に違反する。

この点について私たちが主張した理由は以下のとおりである。

a　記者クラブの問題点

（a）記者クラブは限定されたマス・メディアしか加盟を許されず極めて排他的・閉鎖的な組織である。現在の記者クラブの実態は，特定のマス・メディアで構成されており，多様なメディアが公平に確保されているとはいえない。

（b）記者クラブという制度は一方で，日本のジャーナリズムを公権力の広

報機関そのものに貶めうる大きな危険性を孕んでいる。記者クラブの記者に他の報道記者とは違う特権を与えることにより，記者クラブの記者は，自らの特権の維持を図ろうとするばかりに，その特権を与えている公的機関の与える情報を無批判に受け入れてしまう危険がある。実際に，多くの記者クラブは，記者クラブ室の無償提供，電話代，光熱費の無償利用，情報提供等多大の特権を得ており，大阪市の場合にも市長室と同じフロアに広大な部屋が提供されている。

　　b　記者クラブ制による公権力の影響を受けない同クラブ非加盟の報道記者にも同様の特権を公平に与えることが，より公正で幅広い事実の報道を国民に提供する上で有益である。したがって，取材の自由の保障の趣旨からすれば，大阪市政記者クラブ所属の記者の傍聴は許し，その他の記者の傍聴取材を不許可とすることについては，合理的理由は見当たらない。

　さらに，テレビ・新聞・出版といった従来の情報伝達手段に加え，インターネットが普及し，容易に広く多量の情報が伝達でき，それらの情報伝達手段が情報の自由市場の形成に大きく寄与している現代日本社会において，個人の報道機関（フリージャーナリスト）と記者クラブの記者を区別することも合理性を欠く。

　　イ　本件不許可処分と憲法14条違反

　本件不許可処分は，市政記者クラブの記者とその他の報道記者を合理的な理由なく差別しているものであり，合理的な理由がないから，本件条例の適用において憲法14条に違反する。

(4)　**裁量権の濫用について**

　本件条例，先例集314の違憲性，本件不許可処分の違憲性が認められないとしても，委員会の傍聴の許可についての委員長の裁量による本件不許可処分は裁量権の濫用によるものであり違法である。

　本件条例12条１項による委員長の傍聴許可・不許可の処分の判断は，基本的人権の優越性に鑑みると，委員長の自由裁量ではなく，一定の制限を有し，委員長がその限度を超えて不許可処分をした場合には，同処分は違法となると考えるべきである。

　本件では，裁量権の濫用と考えられる点は以下の通りである。

ア　前述したように，本件条例12条1項の立法趣旨ないし目的は，委員会室の収容人数による物理的制限と委員会の秩序維持，審議の秘密保持が考えられる。しかしながら，委員会室は多数の席が用意されていること，傍聴を求めているのは今井一氏一人であったこと，また，仮に，あり得ないことではあるが，委員会審議に必要な回答要員としての市職員が多数出席しなければならないために既設の席が満席となることが予想されていたとしても，空いているフロアに席を補充する（そのスペースは十分にある）等の事前努力により，当日までに今井一氏の傍聴席を確保できたこと等の事情はすでに述べたとおりである。従って，大阪市議会では委員会室の狭隘さは本件不許可処分の理由と成り得ない。委員会の秩序維持については，上記条例12条3項により，その都度，問題のあるものを退室させることで十分対処可能であり，審議の秘密保持についても，委員会の決議で秘密会とすることができることはすでに述べたとおりである。

　したがって，本件では，委員長は本件12条1項の趣旨・目的を考慮することなく，本件先例集314に適合しないとの理由だけで，今井一氏の「知る権利」や「取材の自由」を合理的理由なく制限したものであって権限を逸脱している。

　イ　本件不許可処分は，市政記者クラブの記者とそれ以外の報道関係者を合理的理由もなく差別するものであることはすでに述べたとおりである。したがって，本件傍聴不許可処分は，比例原則や平等原則に違反する。

　ウ　委員長は，本件傍聴許可をするか否かの判断において，合理的な理由を示すことなく，傍聴不許可の処分を下した。行政手続法8条1項によれば，「行政庁は，申請により求められた許認可等を拒否する処分をする場合は，申請者に対し，同時に当該処分の理由を示さなければならない。」とあるところ，委員長は，「委員会室が手狭で傍聴スペースが十分に確保できない」と説明するだけで，実際に委員会の出席者と市政記者クラブの記者で全スペースが満席になってしまっているか，席の補充が可能か否かについて，容易に調査ができるにもかかわらず，検討することもなく，一律に傍聴希望者の傍聴を不許可にするという説明を行っている。このような説明では，不許可処分の理由説明としては不十分であり，また傍聴スペースの具体的確認もなく不許可と判断したことは許可制と言いながら事実上禁止に等しい扱いであ

る。このような本件処分の扱いは，社会通念上からみても甚だしく合理性を欠くものである。

4　一審判決の判断

　一審判決は，2007（平成19）年2月16日に言い渡された（判例タイムズ1250号87頁）。結果は請求棄却。言い渡した大阪地裁第2民事部合議部の裁判長は西川知一郎裁判官である。
　判決の内容を紹介すると以下のようである。
(1)　委員会の会議の公開について憲法的保障はない。
　地方議会の公開については，国会とは異なり，憲法上これを保障する趣旨の明文の規定はないが，憲法57条1項本文の趣旨，「地方自治の本旨」を保障した憲法92条の趣旨に照らして，憲法上要請されているものと解すべきである。しかし，地方議会における委員会の会議の公開が憲法上の制度として保障されていると解するのは，それらが地方議会における最終的な意思決定機関ではない以上，困難である。
(2)　本件条例12条1項は「知る権利」を保障した憲法21条1項に違反しない。
　a　「知る権利」は憲法21条1項の趣旨，目的から，いわば派生的原理として当然に導かれる。住民が地方議会の会議を傍聴する自由は，憲法上地方議会の会議の公開が制度的に保障されていることの結果にとどまらず，様々な意見，知識，情報に接し，これを摂取する自由の派生原理としても認められる。各委員会における議案等の予備審査等が，本会議における審議と同程度に，あるいは，それ以上に，地方議会における審議の中心となっていることが認められるから，住民が地方議会の委員会の会議を傍聴する自由も同様である。
　b　しかし，この自由は，他者の人権と衝突する場合にはそれとの調整を図る上において，又はこれに優越する公共の利益が存在する場合にはそれを確保する必要から，一定の合理的制限を受けることがあることはやむを得ないものとして，憲法自体がそのことを予定していると解される。
　c　このような観点から委員会傍聴の拒否の要件，手続等をどのように定

めるかについては，条例の定めにゆだねられている。条例において傍聴制限規定を置いた場合には，当該規定の目的の正当性並びにその目的達成の手段として傍聴を制限することの合理性及び必要性を総合的に考慮して憲法21条1項の適合性が判断される。

　　d　本件条例は，委員会の傍聴を原則非公開とし，その拒否の判断を委員長の裁量に委ねたものである。委員会の性質，権限等からすれば，自由な雰囲気の中で率直かつ意を尽くした議論ないし意見陳述がされ，十分な審査及び調査がされる必要がある。これを実現することは住民全体の利益に資するものであって，それ自体重要な公共の利益である。本件条例12条1項は，委員長に，議員以外の者に当該委員会の傍聴を許可することが，当該委員会において自由かつ率直な審議の場を確保してその審査及び調査の充実を図る観点から，その適否の判断をゆだねたものである。従って，同項の目的は正当かつ合理的なものであり，その目的を達成する手段としての合理性及び必要性も肯定できる。

　(3)　本件条例12条1項は「取材の自由」を保障した憲法21条1項に違反しない。

　　a　報道機関が地方議会の会議を傍聴する自由というのは，国民の知る権利に奉仕するものとして，個々の住民の傍聴の自由以上に重要な意味を有する。

　　b　しかし，この自由についても，委員会の傍聴の拒否の判断にゆだねることは，当該委員会において自由かつ率直な審議の場を確保してその審査及び調査の充実を図る観点から，個々の住民の傍聴の場合と異なった解釈をする根拠はない。

　(4)　先例集314は，本件条例12条1項に基づく委員長の拒否判断についての内部的な運用基準を定めたものであり，法的拘束力を有する法規範ではない。

　(5)　先例集314に従って，市政記者クラブ所属の記者の傍聴を一律許可し，それ以外の者の傍聴を一律不許可する運用は憲法21条1項，14条1項にしない。

　　a　原則として報道機関にのみ傍聴許可することは違憲ではない。
報道の公共性，ひいては報道のための取材の自由に対する配慮に基づき，

報道の記者をそれ以外の一般の住民に対して優先させることは，地方政治の報道の重要性に照らせば，合理性を欠く措置ということはできず，憲法14条1項に違反しない。

　また，その結果，一般の住民の傍聴する自由が制限されることとなるとしても，一般の住民は報道等を通じて，委員会の活動状況や議員の行動等を知ることが可能ということができるから，憲法21条1項にも違反しない。

　b　原則として市政記者クラブ所属の記者にのみ傍聴許可することは違憲ではない。

　(a)　委員会の会議を傍聴した報道機関によりその会議に係る誤った事実又は不正確な事実が報道されたような場合には，その報道に接した住民がその報道内容が真実であると誤解し，公正な民意の形成が阻害され，そのために委員会での十分な審査及び調査の遂行に支障を来すおそれがある。その弊害の程度は決して軽視できない。したがって，委員会傍聴の許否についての判断にあたっては，委員会の会議に係る事実を正確に報道することのできる能力，資質を備えた報道機関に限って傍聴を認める取扱をする必要がある。

　(b)　委員会の会議に係る事実を正確に報道することのできる能力，資質を備えた報道機関であるか否かの判断は，過去の報道歴，報道内容，読者等の範囲，所属記者の経歴，傍聴の対象となる議案の内容，性格等諸般の事情を総合的に判断する必要があるが，委員長が迅速かつ的確に判断することは極めて困難である。

　(c)　報道機関の上記能力，資質が制度的に担保されていると認められるための基準をあらかじめ設定することは，その基準が合理的なものである限り，必要やむを得ない。

　(d)　先例集314は，上記基準として，大阪市政記者クラブに所属する記者であるか否かを基準として設定しているが，同クラブの規約の規程内容，読者ないし視聴者の規模に鑑みると，同クラブに所属する報道機関ないしその記者の間における相互規制を通じて一定の行為規範，価値基準が共有され，それによって事実の正確な報道が担保され，しかも，その存在意義について相当数の国民から支持されていると推認され，上記能力，資質を備えた者であることが相当の根拠をもって担保されているといえる。よって，先例集314の基準は十分に合理的である。

(6) 本件不許可処分は同様の理由で憲法21条1項，14条1項に違反しない。
(7) 本件不許可処分は同様の理由で裁量権の濫用ではない。

5　一審判決についての検討

　一審判決は，国民，市民の委員会傍聴の自由，報道機関の取材の自由を正面から肯定しながら，自由かつ率直な審議の場の確保のためには，その自由の制約はやむを得ないとして，その制約の基準が記者クラブ所属とすることに合理性があるとしたものである。
　この一審判決は，それなりに論理性を有しているが，問題は，その前提としている以下の価値判断であり，今後の憲法論議では，この点を問題として掘り下げていかなくてはならないと考える。

(1)　本件条例12条1項が，委員長に，委員会の自由かつ率直な審議の場の確保のために，裁量的に傍聴の許可権限を与えたことは合理性，必要性が肯定できる。
　一審判決のこの前提は，委員会傍聴の自由を認めながら，委員会の自由かつ率直な審議の場の確保のためであれば，委員長は裁量的に傍聴を不許可にできるとするものである。しかし，憲法上の権利として「委員会傍聴の自由」を認める以上は，これを許可制にして制限することが許されるのは，委員会室の物理的制限で傍聴人数に限界が生じた場合（このような物理的理由であれば，委員長による判断は明確で，容易と言える。），酩酊した者の傍聴申請等，客観的理由が存在する場合に限定されると解するべきである。
　「委員会の自由かつ率直な審議の場の確保」は当然に必要ではあるが，本件条例12条3項により，委員会開催中に審議妨害等の問題が発生したときは，その都度，問題のあるものを退室させることで十分に対処可能であり，また，本件条例12条2項により，審議の秘密保持のために委員会の決議で秘密会とすることもできることになっている。したがって，傍聴不許可という事前の措置によって，「委員会の自由かつ率直な審議の場の確保」を図ろうとすることは，行き過ぎた措置であると言わざるを得ない。

(2) 報道機関の選別は，事実を正確に報道することのできる能力，資質の有無を基準とすべきである。

　一審判決は，傍聴の許否について報道機関を選別するにあたっては「事実を正確に報道することのできる能力，資質の有無」という基準が必要であるという前提に立って，その基準の判断が不可能であるが故に記者クラブ所属という基準を肯定しようとするものである。

　しかし，「事実を正確に報道することのできる能力，資質」は報道機関，記者が当然に保有すべき能力，資質であることは是認できるとしても，これを誰が判断するかによって，その評価は大きく異なってくる。「真実」自体が一つの価値評価であるから，評価者によって「真実」であったり「虚偽」であったりするのである。権力者が「真実」の報道を抑制しょうとすることは良くある現象である。従ってジャーナリストの選別について，「事実を正確に報道することのできる能力，資質」を基準として，しかも，委員長がこれを判断するということを肯定するとすれば，それ自体，表現の自由に対する重大な侵害と言うべきである。誤った報道を行う報道機関は，そのような表現に接する国民自身が情報を取捨選択することにより自然淘汰されていくと考えるのが表現の自由の大原則（思想表現の自由市場）であり，そのような報道機関を公権力が選別することを許してはならない。

(3) 記者クラブに所属する報道機関，記者は，「事実を正確に報道することのできる能力，資質」があることが担保されている。

　一審判決が依って立つこの前提は，同判決の最も大きい問題のある判断である。日本新聞協会編集委員会は，1997（平成9）年12月11日，記者クラブに関する見解を発表しているが，この中で，「記者クラブは可能な限り『開かれた存在』であるべきであり，一部報道機関の特権ではない。従って，記者クラブに加盟していない記者，報道機関の取材・報道活動を阻害してはならない。」と述べている。一審判決は記者クラブは報道機関のエリートの集団であるという幻想にとらわれていると考えざるを得ない。

　記者クラブ自体が，「事実を正確に報道することのできる能力，資質」があるとして選別された組織ではない。また，その所属する記者も同様である。言い換えれば，いずれの報道機関も記者も，「事実を正確に報道することの

できる能力，資質」を持っている，あるいは謙虚な人なら「その努力をしている」と考えているであろう。

ところで，大阪市議会では委員会傍聴ができない者のために，別室でのモニター放映を行っており，この視聴はどのような者でも可能である。したがって，記者クラブに加入していないジャーナリストは，モニター放映の視聴による取材で報道をすることになる。一審判決の論理によれば，記者クラブに所属しないジャーナリストは誤報道する可能性があり，この誤報道がその後の審議に影響を与えるということになる。そうとすれば，記者クラブに所属しないジャーナリストについてはモニターによる取材からも排除しないと論理的に一貫しないことになる（委員会を直接傍聴すること以上にモニター放映を通じた報道が誤報道になる可能性は大きい）。

いずれにしても，一審判決の，委員会の「自由かつ率直な審議の場の確保」をするために「誤りの無い報道」を保持する必要があり，そのために，記者クラブ所属の記者だけに委員会の傍聴を認めるという論理は，破綻していると言わざるを得ない。

＊１　大阪高裁昭和57年12月23日判決・判例時報1081号73頁──記者クラブに加盟していない地域コミュニティ紙に対する堺市の市議会の委員会の傍聴不許可が，条例制定も含めて各普通地方公共団体の自由裁量とも言うべき広範な裁量に委ねられているとして適法とした。
　　東京高裁平成17年8月29日判決・判例集未登載───一般市民に対する神奈川県議会の委員会傍聴不許可処分が，各委員会の広範な裁量に委ねられるとして適法とした。
＊２　報道機関と一般傍聴人の優先順位，傍聴希望者間の優先順位の問題があるが，その決定のルールを条例の中に明示することにより混乱を防ぐことができる。空間的問題は，以上のルール設定によって解決する手段があり，一律に何らの基準もなく許可によらしめている方法はＬＲＡ基準に適合しない。
＊３　大阪市の説明によれば，委員以外の89席は，9席の市政記者席，2席の議員傍聴席以外は市長，助役，事務担当者席，理事者（説明員）等市役所関係者のための席であるとのことである。大阪市が「理事者」と呼んでいるのは，説明員と称する課長級以上の130名の吏員全員である。しかし，問題となった2005（平成17）年3月14日の財政総務委員会で実際に発言した理事者の数は31名に過ぎなかった。

（おりた・やすひろ）

第11章
委員会傍聴拒否裁判の経過

角谷洋一郎 弁護士

1 事件の発端

　本件の発端について，詳細は，本書その他執筆者の記載部分に譲るところであるが，要約すると，「平成17年3月14日，フリージャーナリストの今井一氏（以下「今井氏」という。）が大阪市会財政総務委員会の傍聴をするため，同傍聴の許可申請を同委員会に行ったところ，これを不許可処分にされた。」という事実である。
　2005（平成17）年3月，今井氏から相談を受け，京都のけやき法律事務所の折田泰宏弁護士並びに大阪の弁護士法人まこと法律事務所の山下真弁護士及び当職の3名が中心となって本件を受任することになった。
　今井氏は，相談当初から，本件の問題点として，一般市民による委員会傍聴が自由でないこと，大阪市会は，大阪市政記者クラブ所属のジャーナリストについて，原則傍聴許可の運用を行ってきたことを指摘していた。
　本書でも現れているように，今井氏は，大阪市民であり，近年，問題となった大阪市のカラ出張等の取材及び報道活動を通じて，それを明るみにする等しており，市政への関心の極めて高い人物だった。

2　第一審の経緯

(1)　国家賠償請求訴訟の提起

　2005年3月23日，本件訴訟が提起された。被告は，「大阪市」，事件名は，「損害賠償請求事件」，精神的苦痛に対する慰謝料として，大阪市は金120万円を支払えというものである。いわゆる国家賠償責任を問う訴訟である。

　本件は，金120万円の慰謝料請求なので，本来は，大阪簡易裁判所の管轄にある（金140万円以下の請求については，大阪簡易裁判所の管轄となる）。しかしながら，本件は，様々な憲法解釈の争いとなる上，行政責任を問うという難しい判断を求められるものであったことから，訴訟提起した際，大阪地方裁判所で審理するよう上申し，結果，同裁判所で審理をすることとなった。

　大阪地方裁判所には，第2民事部という行政訴訟を専門に処理する部があり，同部の合議体により，本件の憲法問題が判断されるということである。

　同日の申立後，今井氏，折田弁護士及び当職は，大阪地裁2階にある司法記者クラブにて会見を行い，本件申立の趣旨を説明したが，本件が記者クラブによる委員会傍聴の優越性を争点の一部として指摘する訴訟でもあったため，いささかアイロニカルな会見ではあった。

(2)　第1回の口頭弁論

　第1回の口頭弁論期日は，2005年5月13日に開かれた。一般的に訴訟の第1回口頭弁論期日に行われる内容は，当方から提出された訴状の陳述と相手方から提出された訴状に対する答弁書（回答）の陳述のみで極めて短時間に終わる。

　事前に大阪市の代理人から答弁書が出されていたが，そこに記載された主要な反論は，①地方自治法の解釈上，公開が定められている「議会の会議」とは本会議のことであり，委員会はその対象に入らない，②委員会が市政記者の傍聴を原則許可にして国民の知る権利に配慮する一方で，委員会室が手狭で，補完的に別室でのモニター放映の視聴が可能な現状での傍聴拒否は違法でない，というものだった。

この日の期日では，上述した双方の書面が陳述され，当方から，より詳しい内容の準備書面を出すことに決定した。ここから，原告側として，本格的な憲法論を展開しなければならなくなったわけである。

(3) 原告側主張の内容

　次回期日は，7月22日と指定されていた。この2カ月間という期間は，長い期間のようにみえるが，弁護士業務は，本件のみならずその他の案件を何十件と抱えながらやり繰りしているものであるため，本件のような憲法問題に関して，きめ細かな憲法論を展開した書面を書き上げるには，短い時間とも言える。

　折田弁護士，山下弁護士及び当職は，何回か打合の会議を重ね，書面の骨子を詰めていくと同時に，当方の主張を肉付けするために文献等を逍遙することにもなった。特に憲法論は，民法や商法等で決着される事件と異なり，精緻な議論を要する。また，理論的色彩が強く，有力な学者らの教科書や論文の引用が重要となってくる。

　こういった検討の中で，当職らが骨格とした本件の違憲性は次のとおりである。

　まず，第1に，憲法21条の「一般市民の知る権利」を根拠に，地方自治体の議会の傍聴の自由を導き出し，この議会には本会議と委員会を当然に含むものとし，本会議と委員会を峻別して委員会傍聴許可については委員長の自由裁量であるかのように定める大阪市会委員会条例12条1項（以下「本件条例」という）の違憲性を真っ向から問うことである。

　第2に，憲法21条による報道機関の報道の自由から派生する「取材の自由」を根拠に，報道機関の委員会傍聴を原則許可制とする本件条例を違憲であるとする主張である。この論は，第1の主張よりもトーンが弱まるものであるが，憲法判例上，報道の自由が一般市民の知る権利よりも強く保護されていることを根拠として，一般市民はやむを得ないが報道機関の委員会傍聴は認めよというものである。しかしながら，この論は，一般市民の委員会傍聴の自由を取りこぼすことになる点で，議会制民主主義のチェック機能の完遂という意味では，やや劣る主張ではある。

　第3には，本件で大阪市が市政記者クラブの記者のみ原則許可するとの運

用（以下「本件先例」という。）を行っていたことを捉え，当該運用が記者クラブ所属記者と非所属記者を区別するものであるから，憲法14条の平等原則違反ではないかとする主張である。

第4には，仮に本件条例及び先例は違憲でないとしても，本件委員会室は，広いスペースを有しており，本件において，スペースがないというような理由で傍聴を拒否することは，行政の裁量を逸脱しており，運用違憲にあたるという主張である。

以上のような構成で，骨子を考えたものの，弁護団としては，第2ないし第4の主張が主眼というものではなく，あくまで第1の国民（一般市民）の知る権利を全面に据えて裁判所の判断を求める姿勢だった。

(4) 2つのアプローチ

憲法21条の表現の自由と憲法14条の平等権をめぐる憲法議論として，各自由を制限する法律の合憲判断アプローチが異なってくる。現在の有力な学説では，表現の自由を制限する法律については，「ＬＲＡ基準」（より制限的でない他の選びうる手段があるかどうかを厳密に判断する方法）によって判断されるべきと主張されているところ，平等権侵害については，端的に言うと，その法律が合理的制限か否かという判断アプローチをとることが一般的であるため，自ずから判断内容の厳格度が異なりうる。この点でも，平等権のアプローチよりも，表現の自由からのアプローチの方が，より精査な違憲性の検討がなされるものと予測はできた。

ただ，一方で，市政記者クラブ所属ジャーナリストと非所属ジャーナリストで異なる運用をするという実態は，大阪市会先例集より，明々白々であったことから，この差違を強調することにより，違憲性を判断することも十分に見込みがあると考えていた。すなわち，裁判所として，正面切って，委員会傍聴の自由という憲法解釈の新機軸を打ち出すよりも，ジャーナリスト間の明白な区別的扱いを指摘し，平等権の問題の中で解決する方が判断に馴染みやすいであろうという極めて実利的な戦略である。

(5) 大阪市会委員会室の見学

2005年7月15日，当方は，上記骨子を軸とした原告準備書面を提出し，同

月22日，第2回口頭弁論期日が開かれたところ，次回期日に大阪市から反論が出されることとなった。なお，同日の期日終了後，折田弁護士，山下弁護士，今井氏及び当職で，大阪市庁を訪問し，大阪市会委員会室を見学することとなった。今井氏としては，何度も訪れている場所ではあるが，原告訴訟代理人としても委員会室の実態を現実に実感する必要があったからである。

　残念ながら，本件で問題となった委員会室には足を踏み入れることができなかったが，同様の広さと座席配置の別の委員会室を見学することができた。委員会室の広さについては，実際に見た者でないとわからない部分もあり，個々人でその実感が異なるところではあるが，個人的感想として広いと感じた。また，会議を行う円卓に向かって，多数の座席が配置されており，十分な傍聴スペースがとられているものとも思われた。しかしながら，見学に立ち会った大阪市会の担当者に聞いてみたところ，委員会の会議内容の質疑応答に対して回答する可能性のある理事達が大勢座るとのことで，一般の傍聴の席は後ろにわずか残るのみであるということだった。この回答については，これだけ多数の理事が座りながら，回答するのはわずか一部の理事のみで，本質的に委員会室内に待機しておく必要があるのか，また，大阪市が言うように別室のモニターで確認できるということであれば，理事達こそ，モニターの見られる別室に待機し，質問に対する回答が必要な場合のみ，担当理事が委員会室に赴けばよいのではないかという疑問も残った。

(6) 大阪市の反論

　2005年9月8日，大阪市より反論の準備書面が提出された。その内容は，憲法21条で保障された「知る権利」につき，これを国民の情報収集を侵害されない「自由権的性格」と国家に対して情報の公開を要求するという「請求権的性格」を有するものに峻別した上，本件は「請求権的性格」に関わる部分とし，「請求権的性格」については抽象的なものであるから，国民が請求権的性格部分で情報公開を求めるには，法律で，公開の基準や手続等について，具体的定めがなければならないとするものだった。すなわち，本件では，地方自治法上，委員会傍聴に関する具体的定めがないので，委員会傍聴は，当該委員会の裁量に委ねられても問題はないというものである。

　また，上記理屈を前提に，憲法14条違反の主張に対しては，大阪市政記者

クラブ所属の記者に原則傍聴を許可するのは，合理的な理由のある区別だと主張してきた。

(7) 第3回口頭弁論

2005年9月15日，第3回口頭弁論が開かれた。同期日では，先程説明した大阪市の準備書面の陳述がなされた後，当方から，本件委員会室の検証（裁判所が実際に，現地に赴き，五感でもって，その現場の状況を調べること）の申出を行う予定であることを伝えた。これは，先の本件委員会室見学の際，弁護団が，同室について広いと感じたことから，運用違憲の主張の補強立証として検討していたものである。

また，合わせて本件委員会の村尾しげ子委員長（以下「村尾委員長」という）及び今井氏本人の証人尋問も申請することを伝えている。

しかしながら，これらの説明に対する裁判所の反応は，否定的な雰囲気だった。裁判所は，採否をどうするかわからないが，次回期日までに，これらの申請書を提出するようにとして，同期日を終了した。

(8) 委員会室検証などの申請

2005年9月21日，当方は，本件委員会室の検証を申請した。検証すべき事実は，「本件委員会室の広さと座席配置」である。本件委員会室のキャパシティを裁判所が体感することによって，1人の傍聴者のために，座席を配置するスペースが十分にあったことを感じてもらい，本件不許可処分がいかに融通の利かない不当なものであったかを理解してもらおうと考えたのである。

また，同年10月7日，村尾委員長，大阪市会事務局長阿辻豊氏（以下「阿辻氏」という）及び今井氏の人証申請を行った。村尾委員長及び今井氏両名については，従前のとおりであるが，阿辻氏については，大阪市会の各委員会の運営状況，すなわち，各委員会で多数の理事者の出席が必要なのか，各発言の頻度はどうなのかを確認したいと考えたからである。

上記申請については，同月28日，次回期日を前に，大阪市の意見が提出されている。検証については，委員会の公開が議会の自由裁量であること，本件委員会室で多数の理事者の出席の必要があること及びこれらの理事者の答弁の際の移動に手間がかかることを考慮すると，同室の座席以上に傍聴人を

入れるスペースがないのは当然で，検証申請を却下して欲しいとの話である。合わせて，本件委員会室測量図面及び同室内撮影写真が提出されている。

　ただ，この大阪市の証拠意見について，当方としては，現時点の座席数を越えて，新たな座席を適宜追加するためのスペースがあるのかないのかも実際に裁判官に感じ取ってもらいたいと考えて検証申出をしたのであるから，いささか的外れではないかと思えた。

　合わせて，大阪市は，当方の証人申請についても，本件は，事実の争いでなく法律解釈の争いなので，証人を呼んで尋問をする必要性がないとの意見を述べていた。

(9) 検証申請を不採用，証人尋問の必要なし

　これについて，2005年11月7日，第4回口頭弁論が開かれた。同期日で，裁判所は，当方の検証申請を不採用とし，証人尋問の必要もないとした。裁判所としては，今までの証拠関係で判断ができるという結論に落ち着いたようである。また，今井氏本人の尋問についても，裁判所は消極的で，意見陳述という形でなら採用するということだった。

　当方からは，上述した本件証拠調の必要性につき，裁判所に対し，申し述べたが，裁判所の決定は覆らなかった。

　ただ，裁判所は，大阪市に対し，市政記者クラブがどういう存在なのかにつき，説明する書面を出すようにとの訴訟指揮をした。これについては，市政記者クラブの傍聴が原則許可扱いされている運用に問題点がないか，裁判所側も興味があることを十分に示唆する出来事と言えた。すなわち，平等権侵害の主張について，裁判所は掘り下げて判断をする姿勢であろうことがうかがえた。

(10) 大阪市会事務局から回答

　同期日を受け，当方は，多数の理事者らが本件委員会室の座席を意味もなく埋め尽くしているといった事情を示す証拠を収集するため，大阪市会事務局へ対し，理事者の総数，1年間における各委員会への出席理事者数及び各委員会における理事者の発言数などにつき，弁護士照会をかけることとした。

　これに対し，2005年12月6日，大阪市会事務局から回答がなされた。その

回答によれば，本件委員会に関係する理事者数が130名に及ぶこと，本件委員会室における理事者席が70席しかないため，適宜入れ替わりがなされていること，発言した理事者数が31名であること等が示されていた。

⑾　大阪市の準備書面

2005年12月14日，大阪市の準備書面が提出された。内容は，前回の期日で裁判所から説明を求められていた事項である。通り一遍の市政記者クラブの目的及び構成メンバーの説明がなされた後，同クラブの運営が同クラブ所属報道機関相互の協議により自主的になされていることが強調されている。そして，同クラブの目的，構成及び運営の方法からすれば，同クラブ所属のジャーナリストに傍聴を原則許可する大阪市会の先例に合理性があるとの結論を導いていた。

⑿　理事者席の不要性，記者クラブ所属ジャーナリスト傍聴許可の先例の違憲性

同年12月21日，本件口頭弁論期日が開かれた。同期日には，当方からも準備書面を提出している。内容は，本件委員会室の座席の大部分を占める理事者席の不要性及び記者クラブ所属ジャーナリスト傍聴許可の先例の違憲性の説明である。

前者の主張の要点は，各理事者がその都度，席を入れ替わることにより，質疑への回答に十分対処できること，実際に発言する理事者は極めて少数であることである。合わせて，先の弁護士照会に対する大阪市会事務局からの回答も書証として提出している。

後者の主張の要点は，委員会傍聴の許可が市政記者クラブに所属しているかどうかであるとすれば，委員会傍聴の許可の判断を実質市政記者クラブの入会判断に委ねたに等しくならないかということである。

同期日では，裁判所より，市政記者クラブの実質について議論を更に尽くしたいとの説明がなされた。それに対し，大阪市に主張をするようにとの促しがあった。

第11章　委員会傍聴拒否裁判の経過　155

⒀　理事者席70名の必要性

　2006年2月20日，大阪市から準備書面が提出された。内容についてであるが，理事者席70名の必要性について，これらの理事者はすべて答弁する可能性があるから着席していなければならないといったことである。また，市政記者クラブの存在についても，国民の知る権利を充足させる役割があり，傍聴優先権が認められるとの主張である。

　これにつき，当方は，理事者の意義，理事者の構成等を大阪市に対し，更に釈明を求めている。

⒁　大阪市の回答

　2006年3月1日，口頭弁論期日が開かれた。同期日では更に議論を尽くすということで，釈明に対して大阪市から書面を出すことになった。

　同年4月21日，大阪市から準備書面が提出された。同書面で，大阪市は，当方の釈明に対して，委員会室にスペースがあるか否かという問題は本件争点となりえないことを主張した上で，理事者の意義及び構成について説明しているが，これは今までの説明の域を出るものではなかった。

⒂　今井氏本人の意見陳述の決定

　2006年4月26日，口頭弁論期日が開かれた。同期日で，書面の応酬は終了し，次回，今井氏本人の意見陳述の機会が持たれることになった。しかしながら，その時間は，わずか10分というもので，当方としては，いささか短い時間設定であると考えた。

⒃　意見陳述

　2006年6月28日，事前に提出された意見陳述の要旨に基づき，今井氏の10分間の意見陳述が行われた。実際のところ，要旨については，6枚くらいの原稿用紙に今井氏のたくさんの主張が連ねられており，むしろ，現実の意見陳述自体が要旨とも言えるような内容である。

　今井氏本人が裁判官3名の前，自らの言葉で，大阪市会委員会の傍聴拒否の問題点を語った。本件はここで結審し，判決期日を待つばかりとなった。

⑰　大阪地裁判決

2007年2月16日，憲法問題を内在するとはいえ，いささか長い期間を経て，大阪地裁の判決が出された。内容は，原告の請求を棄却するというものである。

委員会傍聴拒否合憲の判断をした理論的枠組は，委員会傍聴に関する一般国民の知る権利に配慮するものの，委員会傍聴の許可制度が条例に従って行われれば合憲であること，市政記者クラブの優先的傍聴の先例についても裁量として，そのような運用が認められること等である。

概ね，旧来の裁判所の判断基準を踏襲するもので，現在の会議における委員会の重要性や各地方自治体レベルでの委員会傍聴の自由の潮流を踏まえないもののように思われた。

3　控訴審

⑴　控訴

2007年2月23日，本件を大阪高等裁判所に控訴した。

控訴状提出後，当方から詳細な反論を記載した控訴理由書を提出することになるが，同趣意書では一審判決の問題点を厳しく指摘した。

そもそも，第一審判決の合憲判断アプローチは，地方議会の委員会の「自由かつ率直な審議の場の確保」を規制法令等の立法目的として設定し，知る権利や取材の自由から派生する委員会傍聴の自由の制限を是としたものである。

しかしながら，第一審判決は，同判決内で上記目的を錦の御旗のように繰り返し説明した上で，同目的を達成するための方法として傍聴の自由を規制する法令等が手段として合理性や必要性があるかどうかを判断するに止めていた。これは，表現の自由（知る権利や取材の自由は，ここに源を発するものである）という憲法上の価値の高い人権を規制する恐れがある法令等につき，当方が主張するＬＲＡ（より制限的で他の選びうる手段があるかどうか）の基準を採用することなく，目的達成のために手段が合理的かつ必要的でやあればよいと言う安易な基準を選んだことになる。

また，第一審判決は，規制法令等の合理性や必要性の判断方法についても，

第11章　委員会傍聴拒否裁判の経過　157

同法令等の合理性を判断するにメリットとなる要素ばかりを挙げる傾向があり，当方が指摘した弊害や問題点については，ほとんど取り上げず，恣意的な判断と理解されても致し方ないものとなっていた。

そこで，控訴理由書内では，上記の問題点を指摘した。

(2) 控訴審の第1回期日

2007（平成19）年5月23日，控訴審の第1回期日が開かれ，上記の主張を行った控訴理由書が陳述された。控訴審の裁判長は，当初から本件の結論を既に決めているかのような訴訟指揮を取り，第1回期日で，大阪市の具体的反論の書面すら待つことなく結審しようとした。これには，大阪市の代理人も驚き，せめて反論をさせて欲しいということになり，渋々次回期日を開いてくれた次第である。

当方も，第一審判決に見られる問題点を更に指摘するべく，追加して控訴理由書を提出させてもらうことにした。

委員会傍聴を原則市政記者クラブに限定する大阪市会の先例について，当方が平等原則違反を述べていたのは，先に述べたとおりである。これに対し，第一審判決は，委員会の自由かつ率直な審理の場を確保するために，同委員会の内容が正しい報道によって広く国民に伝達されなければならず，正しい報道をされると推定される市政記者クラブのジャーナリストに傍聴を限定する取り扱いも合憲であるとしていた。この「正しい報道」者を選別することは許されるとも読み取りかねない判決理由に当方は大いなる疑問を感じていた。

そこで，追加の控訴理由書では，そもそも正しい報道を行う者か否かをどのように判断するのか，その判断を閉鎖性の弊害を指摘されている市政記者クラブの自治的な判断に丸投げしてよいのか，更には，委員会を正しく報道する者を選別することが，表現の自由市場や民主主義の原則から許されるべきものなのかという根本的な問題を提示して，第一審判決の誤りを糾弾し，委員会傍聴を制限する根拠は，委員会室の物理的制限以外あり得ないのではないかという指摘をした。

(3) 第2回口頭弁論期

2007年7月27日，控訴審の第2回口頭弁論期日が開かれ，当方の控訴理由書，大阪市の準備書面が陳述された。大阪市の準備書面の内容は，当方の控訴理由書の主張に対して，逆に，第一審判決を掲げながら，その正当性を指摘して，当方の主張を否定するものだった。

裁判所は，当初の方針通り，結審を宣言し，2007年10月31日に判決期日となったが，裁判長の訴訟指揮から滲み出る雰囲気は，第1回期日と同じく，当方の主張に非好意的なものしか受け取れなかった。

(4) 控訴棄却

2007年10月31日，本件の判決（判例集未登載）が言い渡されたが，内容は控訴棄却というものだった。当然ながら，第一審判決の追認と僅かな補足説明のみである。

補足説明は，当方が控訴審で行った主張に対し，委員会の傍聴の許否決定が委員長の合理的な裁量に委ねられているとした上で，運用基準（先例のこと）に従って，その許否を決定することには合理性があるとしたにすぎないものだった。また，委員長の裁量権限を強調し，今回はその権限内の決定であるとしたものである。

しかしながら，この判決には，市会における委員会の重要性，知る権利や取材の自由に対する慎重な検討に欠け，結論ありき以外の何ものでもなかった。

5　上告

このように，本件は控訴審でも棄却されたが，今井氏自身，本件を最高裁判所まで争う意思は固く，2007年11月5日，上告の申立をした。今までの主張を改めて上告理由書として提出した次第である。結論はどのようになるのか予測のつかないところであるが，本会議に対する委員会の位置づけ，国民の知る権利，取材の自由，報道機関相互の平等，記者クラブ制度の意義等が実質的に問われる本件訴訟に最高裁判所の判断がなされれば，大いなる意義があるものと考えている。

（すみたに・よういちろう）

資　料

●大阪地方裁判所判決平成19年2月16日判決要旨

平成17年(ワ)第2726号　損害賠償請求事件
大阪地方裁判所　第2民事部

判決要旨

　1　本件は，大阪市政記者クラブ所属の記者でないことを理由に大阪市議会財政総務委員会の傍聴を許可しない旨の処分（本件不許可処分）を受けたいわゆるフリージャーナリストの原告が，①　委員会傍聴の許可制を定めている大阪市会委員会条例（本件条例）12条1項は憲法21条1項に違反する，②　市政記者クラブ所属の記者の傍聴のみを許可するとしている大阪市会先例（本件先例）は憲法21条1項，14条1項に違反する，③　本件不許可処分には憲法21条1項，14条1項違反又は裁量権の範囲の逸脱若しくはその濫用の違法があるとして，被告大阪市に対し，国家賠償法に基づき，慰謝料等の支払を求めている事案である。
　当裁判所は，原告の請求には理由がなく，これを棄却すべきものと判断する。

　2　地方公共団体の議会（地方議会）における委員会の会議の公開は憲法上の制度として保障されているものではないが，住民が地方議会の委員会を傍聴する自由は，憲法21条1項の派生原理として導かれる様々な意見，知識，情報に接し，これを摂取する自由の派生原理として認められる。もっとも，住民が委員会を傍聴する自由は，他者の人権との調整を図り又はこれに優越する公共の利益を確保する必要から一定の合理的制限を受けることがあることはやむを得ず，その傍聴の許否の要件，手続等をどのように定めるかは条例の定めにゆだねられており，傍聴を制限する旨の当該条例の規定が憲法21

条1項に適合するかどうかは，当該規定の目的の正当性並びにその目的達成の手段として傍聴を制限することの合理性及び必要性を総合的に考慮して判断すべきである。

　地方議会の委員会は，地方議会の内部の組織として，本会議における審議及び表決の準備のために専門的，技術的な審査等を行う機関として設けられるものであって，最終的な意思決定を行う本会議における審議を充実させ，適切な表決を迅速に行うことを可能にするために，自由かつ率直な審議の場を確保してその審査及び調査の充実を図る必要があり，これはそれ自体重要な公益ということができるから，このような観点から個々の住民の委員会を傍聴する自由が制限を受けることとなってもやむを得ない。本件条例12条1項は，議員以外の者に委員会の傍聴をさせることが，当該委員会において自由かつ率直な審議の場を確保してその審査及び調査の充実を図る観点から適当か否かの判断を，委員会の秩序保持権を有する委員長の判断にゆだねたものであるから，同項の目的は正当かつ合理的なものということができる上，その目的を達成する手段としての合理性及び必要性を肯定することもできるから，同項が議員以外の者の委員会の傍聴を委員長の許否の判断にゆだねていることは，憲法21条1項に反するものではない。

　3　報道機関の報道のための取材の自由は，憲法21条の精神に照らし十分尊重に値するのであって，報道機関が地方議会の会議を傍聴する自由も，国民（住民）の知る権利（情報等に接し，これを摂取する自由）に奉仕するものとして，個々の住民の傍聴の自由以上に重要な意味を有するということができ，取材の自由の派生原理として十分尊重に値する。しかしながら，委員会において自由かつ率直な審議の場を確保してその審査及び調査の充実を図ることは，報道機関の有する取材の自由と対比してもそれ自体尊重すべき重要な公益であるから，上記の観点から委員会の傍聴を委員長の許否の判断にゆだねることの合理性及び必要性について，個々の住民の傍聴の場合と報道の任務に当たる者の傍聴の場合とで異なって解すべき根拠を見いだすことはできない。よって，本件条例12条1項が報道の任務に当たる者についても委員会の傍聴を委員長の許否の判断にゆだねていることは，憲法21条1項に反するものではない。

4　本件条例12条1項に基づく上記観点からの委員会の傍聴の許否の判断は委員長の合理的な裁量にゆだねられていると解されるところ，本件先例は，上記裁量権の行使について，市政記者，すなわち，大阪市政記者クラブに所属する報道機関の記者の傍聴については原則として許可し，それ以外の者の傍聴については原則として許可しないという運用基準を定めたものと解される。

　本件条例12条1項に基づく委員長の委員会傍聴の許否の判断における裁量権の行使に当たって，報道の公共性，ひいては報道のための取材の自由に対する配慮に基づき，報道機関の記者（報道の任務に当たる者）をそれ以外の一般の住民に対して優先して傍聴させるという取扱いをすることは，地方政治の報道の重要性に照らせば合理性を欠く措置ということはできず，憲法14条1項に違反しない。また，このような運用により個々の住民の委員会を傍聴する自由が制限されることとなるとしても，これら一般の住民は，報道機関による報道等を通じて委員会の活動状況や議員の行動等を知ることが可能であり，これを通じて住民の間に世論が形成され民意に基づく審議が可能となるから，憲法21条1項に違反するということもできない。

5　もっとも，報道の自由及び取材の自由は，その濫用にわたらない限り，市政記者クラブに所属する報道機関であるか否かを問わず，報道機関にひとしく認められるべきものであるから，本件先例に従って，報道機関のうち市政記者クラブに所属する報道機関とそれ以外の報道関係者とを区別して取り扱うことの合理性が検討されなくてはならない。

　委員会の会議を傍聴した報道機関によりその会議に係る誤った事実又は不正確な事実が報道されたような場合には，当該報道に接した住民がその報道内容が真実であると誤解し，委員会の活動状況や議員の行動等についての正確な事実認識を踏まえた公正な民意の形成が阻害され，そのために委員会における十分な審査及び調査の遂行に支障を来す事態を招来する可能性も一概に否定することができず，委員会における十分な審査等の遂行が妨げられることにより，ひいては本会議において充実した審議の上適切な表決を迅速に行うことを阻害する結果をもたらすことにもなりかねない。その弊害は住民全体の利益にかかわるものであり，しかも，報道機関の報道が住民に与えた

印象は容易に払拭し難いことをも併せ考えれば，その弊害の程度は決して軽視することはできない。これらにかんがみると，委員長の委員会傍聴の許否の判断に当たり，事実を正確に報道することのできる能力，資質を備えた報道機関に限って傍聴を認める取扱いをすることは，その必要性及び合理性を十分肯定することができる。もっとも，傍聴を希望する報道機関が事実を正確に報道することのできる能力，資質を備えた者であるか否かの判断は，極めて機微に富んだ考慮と高度の客観性が要求されるため，委員長がその点につき迅速かつ的確に判断を下すことは事柄の性質上極めて困難といわざるを得ない上，仮に委員長がその判断を誤り，上記のような能力，資質を備えない報道機関の傍聴を許可した場合には，正確な事実認識を踏まえた公正な民意の形成が阻害され，委員会における十分な審査等の遂行に支障を来す事態を招来しかねず，そのような危険が現実化した場合には，民主的基盤に立脚した地方行政の健全な運営が阻害されて住民の福祉を著しく損なうことにもなり得る。このような観点からすれば，委員長の委員会傍聴の許否についての判断に当たり，報道機関に事実を正確に報道することのできる能力，資質が制度的に担保されていると認められるための基準をあらかじめ設定し，当該基準に従って一律に報道機関の傍聴の許否を判断する取扱いをすることも，その基準が合理的なものである限り，必要やむを得ないものとしてその必要性，合理性を肯定せざるを得ず，その結果，上記のような能力，資質を備えた報道機関が当該基準に該当しないために傍聴を認められないことがあっても，やむを得ないものというべきである。

　大阪市政記者クラブの規約の内容，加盟者である各報道機関の報道に係る読者ないし視聴者の規模等にもかんがみると，同クラブに所属する報道機関ないしその記者の間における相互規制等を通じて報道に係る一定の行為規範，価値基準が共有され，それによって事実の正確な報道が担保され，しかも，その存在意義について相当数の国民（住民）から支持され，報道分野において重要な役割を果たしているということができるから，大阪市政記者クラブ所属の記者であるか否かという基準は，委員会傍聴を希望する報道機関に前記の能力，資質が制度的に担保されていると認められるための基準として，十分合理的なものということができる。もっとも，大阪市政記者クラブに所属しない報道機関ないし記者の中にも事実を正確に報道することのできる能

力，資質を備えた者が少なからず存在し，そのような記者等にあって，原告のように，委員会の会議に係る事実について，市政記者クラブ所属の報道機関とは異なった視点から多様な情報を提供することは，民意に基づく議会の審議ひいては民主的基盤に立脚した地方公共団体の健全な行政の運営に寄与するものであることはいうまでもなく，その価値は，市政記者クラブに所属する報道機関による報道の場合と比べていささかも減じるものではないが，そうであるとしても，そもそも，委員会を傍聴する自由はこれに優越する公共の利益等を確保する必要から一定の合理的な制限を受け得るものである上，委員会の傍聴における報道機関の優越的な地位は委員長の裁量権の合理的な行使の結果として付与されるものであることにかんがみると，前記のようなあらかじめ設けられた合理的な基準に従って委員長の傍聴の許否の判断が運用されたとしても，やむを得ない。

　したがって，委員長が委員会傍聴の許否の判断に当たり，本件先例に依拠して，原則として大阪市政記者クラブ所属の記者にのみ傍聴を許可するという運用をすることは，憲法21条1項に違反するということはできず，また，合理的な理由なくして同クラブに所属する記者とそれ以外の報道機関ないし記者を差別するものとして憲法14条1項に違反するということもできない。

　6　本件不許可処分は，本件先例の運用基準に従ってされたものであるから，憲法21条1項，14条1項に違反するということはできない。

　本件先例は大阪市政記者クラブ所属の記者以外の者の委員会の傍聴をおよそ一切許可しない取扱いを定める趣旨のものではないが，そのような例外的取扱いをするか否かの判断も，委員長の合理的な裁量にゆだねられているところ，報道機関ないしその記者が委員会の会議に係る事実を正確に報道することのできる能力，資質を備えたものであるか否かを個別具体的に判断することが極めて困難であり，今後大阪市政記者クラブに所属しない報道機関ないし記者から同種の傍聴希望が出された場合に上記のような困難な判断を強いられる事態も考えられなくはないことなどにかんがみると，委員長が原告に対して例外的取扱いをせずに本件不許可処分をしたことが，裁量権の範囲を逸脱し又はこれを濫用した違法なものということはできない。

●大阪市政記者クラブ規約

大阪市政記者クラブ規約

制　　定　昭和44年4月19日
最近改正　平成17年12月22日

第1条　本会は，「大阪市政記者クラブ」と称する。
第2条　本会は，取材・報道のための自主的な組織である。
第3条　本会の会員は，日本新聞協会加盟社とこれに準ずる報道機関（以下，「社」という）から派遣された市政担当記者で構成する。
　　2　新たに入会を希望する社があるときは，総会に諮り会員の3分の2以上の賛同を得なければならない。
第4条　本会は，幹事若干名を置く。幹事の任期は2箇月とする。
　　2　幹事は，通常本会の運営にあたるが，特に重要な案件については総会に諮らなければならない。
　　3　幹事のうち1名は，会計事務を担当する。
第5条　本会の会費は，会員1名につき1箇月500円とする。ただし，特に必要な経費は，別にこれを徴収する。
　　2　会計報告は定期総会で行う。
第6条　本会は，年1回の定期総会を春に開き，重要案件などを協議する。
　　2　総会は，加盟者3分の2以上の出席で成立し，その決議事項は過半数の賛同を得なければならない。
　　3　緊急案件のある場合は，臨時総会を開くことができる。
第7条　著しくクラブの名誉を傷つけた者，または円滑な取材活動を阻害した者は，総会で処罰することができる。
第8条　本規約に変更を加えるときは，総会に諮らなければならない。

●執筆者プロフィール（掲載順）

今井　一（いまい・はじめ）
ジャーナリスト
1954年生まれ。［国民投票／住民投票］情報室運営委員
1981年以降，民主化が進行したソ連・東欧の現地取材を重ねる。1996年以降は，新潟県巻町，名護市，徳島市，岩国市など，各地で実施された住民投票を精力的に取材。2004，2005年には，スイス，フランス，オランダへ赴き，国民投票の実施実態を調査。2006年以降，衆参両院の「憲法調査特別委員会」に参考人・公述人として5度にわたり招致され，国民投票のルールについて陳述を行なう
主な著作：『住民投票──観客民主主義を超えて』（岩波書店），『「憲法9条」国民投票』（集英社），『「9条」変えるか変えないか──憲法改正・国民投票のルールブック』（編著，現代人文社）など

山下　真（やました・まこと）
奈良県生駒市長
1968年，山梨県生まれ。東京大学文学部フランス語フランス文学科卒業後，朝日新聞社入社。新聞記者として勤務。尊敬する弁護士と出会い弁護士になることを決意し，同社を退社。その後，京都大学法学部3年次編入学。同学部卒業後，1998年司法研修所第52期修了。2000年弁護士登録（大阪弁護士会）。多重債務，過労死・過労自殺，行政監視などの分野を多く取り扱う。弁護士活動のかたわら生駒市内の市民団体の代表としても活躍し，同市長選挙立候補を決意。2006年1月，初当選。同年2月生駒市長就任。現在，1期目

松浦米子（まつうら・よねこ）
市民グループ「見張り番」代表世話人
1937年生まれ。1989年，大阪市の公金詐取事件をきっかけに結成された市民

グループ「見張り番」で，住民監査請求，情報公開請求などの制度を活用して違法不当な公金支出の是正に取り組む

また，議会が行政のチェック機関としての責務を果たせるよう，「議会委員会の直接傍聴」「政務調査費の目的外支出の返還請求」など議会の透明度や民主的な運営を高めるための活動を行っている

上原公子（うえはら・ひろこ）

前国立市長

1949年，宮崎生まれ。法政大学大学院中退。東京・生活者ネットワーク代表。国立市議会議員。水源開発問題全国連絡会事務局。国立市景観裁判原告団幹事。1999年より2期8年国立市長

主な著作：『〈環境と開発〉の教育学』（共著，同時代社），『どうなっているの？東京の水』（共著，北斗出版），『国民保護計画が発動される日』（共著，自治体研究社），『無防備平和条例は可能だ』（無防備地域宣言運動全国ネットワーク編，耕文社）など

田島泰彦（たじま・やすひこ）

上智大学文学部新聞学科教授

1952年，埼玉県秩父生まれ。憲法・メディア法専攻。表現の自由や監視社会などを中心に研究。毎日新聞「開かれた新聞」委員会委員，監視社会を拒否する会共同代表なども務める

主な著作：『人権か表現の自由か』（日本評論社），『この国に言論の自由はあるのか』（岩波書店），『憲法の精神』（共著，日本評論社），『現代メディアと法』，『情報公開法』（ともに，共編著，三省堂），『報道される側の人権』（共編著，明石書店），『超監視社会と自由』（共編著，花伝社）など。論文に「ゼミナール・国会の情報公開」『いま日本の法は』（浦田賢治ほか編，日本評論社），「市民と立法」『日本社会と法』（渡辺洋三ほか編，岩波書店）など

北村　肇（きたむら・はじめ）
　『週刊金曜日』編集長
1952年，東京生まれ。東京教育大学卒（家永三郎ゼミ）。1974年『毎日新聞社』入社，社会部デスク，『サンデー毎日』編集長，社長室委員などを経て，2004年1月退職，同2月より現職。1995年8月から2年間，新聞労連委員長を務め，「新聞人の良心宣言」をまとめる
主な著作：『新聞記事が「わかる」技術』（講談社現代新書），『腐敗したメディア』（現代人文社），『新聞記者をやめたくなったときの本』（同），『なぜかモテる親父の技術』（ＫＫベストセラーズ新書）など。

林　香里（はやし・かおり）
　東京大学大学院情報学環准教授
1963年，名古屋市生まれ。ロイター通信東京支局記者，東京大学社会情報研究所助手，ドイツ，バンベルク大学客員研究員を経て，現職
専門：ジャーナリズム／マスメディア研究
主な著作：『マスメディアの周縁　ジャーナリズムの核心』（新曜社，2002年）。「『公共性』から『連帯』へ──労働としての『メディア』と『ジャーナリズム』を考える」『世界』2007年7月号54～65頁，『冬ソナにハマった私たち』（文春新書，2005年）ほか
主な翻訳書：N. ルーマン著『マスメディアのリアリティ』（木鐸社，2005年）
（Luhmann, N. *Realitat der Massenmedien*. Westdeutscher Verlag, 1996）

浮田　哲（うきた・てつ）
　テレビディレクター
1959年，京都市生まれ。大阪の毎日放送（ＭＢＳ）を経て1990年からフリー　1996年（株）マザーランドを設立，ＮＨＫや民放でドキュメンタリーやニュース番組の特集などを多数制作。ＶＴＲ取材に限らず，バラエティ，スタジオトーク，歌番組，再現ドラマ，生中継などおよそテレビ的な表現全般を手

がけ「テレビ屋」をもって任じている。現在，上智大学新聞学科の大学院に在籍し，研究者と制作者という二足のわらじを履く
主な制作番組：「ハイビジョン特集」（ＮＨＫ），「情熱大陸」（毎日放送），「素敵な宇宙船地球号」（テレビ朝日），「NEWS ZERO」（日本テレビ）など
「終戦記念特別番組　日独戦後補償徹底比較」（1992年・フジテレビ）でギャラクシー選奨受賞

折田泰宏（おりた・やすひろ）
弁護士（京都弁護士会所属）
1944年，台湾生まれ。東京大学法学部卒。司法研修所第21期修了。裁判官を経て現職
京都で「けやき法律事務所」を開業。専門は環境法，マンション法，情報公開法。13年続いたびわ湖訴訟弁護団の代表を務める。環境団体，オンブズマン活動団体との関わりが深く，ラルフネーダーグループとも交流。日本マンション学会会長，元法制審議会区分所有法部会委員，京都・市民・オンブズパーソン委員会代表，マンションセンター京都理事
主な著作：『マンションの法律100章』（鹿島出版会），『水問題の争点』（共著，技術と人間社），『基本法コンメンタール・マンション法』（共著，日本評論社），『誰のためのＷＴＯか』（パブリックシチズン著，共訳）ほか多数

角谷洋一郎（すみたに・よういちろう）
弁護士（大阪弁護士会所属）
1974年生まれ。一橋大学法学部卒。司法研修所第57期修了。大阪府中小企業再生支援協議会第二次段階対応専門家個別支援チーム構成員，岸和田市建築審査会建築審査委員。
2004年10月，現生駒市長である山下真氏の法律事務所にて弁護士執務開始
2006年3月から，山下真氏市長就任により，岸田総合法律事務所に移籍。一般民事，家事事件等を取り扱う傍ら，本件訴訟を追行

市民が広げる議会公開
傍聴を閉ざす議会とメディアの欺瞞

2008年6月20日　第1版第1刷

編著者	田島泰彦・北村 肇・今井 一
発行人	成澤壽信
発行所	株式会社現代人文社
	〒160-0004　東京都新宿区四谷2-10　八ッ橋ビル7階
	振替　00130-3-52366
	電話　03-5379-0307　(代表)
	FAX　03-5379-5388
	E-Mail　henshu@genjin.jp（代表）／hanbai@genjin.jp（販売）
	Web　http://www.genjin.jp
発売所	株式会社大学図書
印刷所	株式会社ミツワ
装　丁	Malpu Design（清水良洋＋黒瀬章夫）

検印省略　PRINTED IN JAPAN　ISBN978-4-87798-379-6　C0031
©2008　Yasuhiko TAJIMA, Hajime KITAMURA & Hajime IMAI

本書の一部あるいは全部を無断で複写・転載・転訳載などをすること、または磁気媒体等に入力することは、法律で認められた場合を除き、著作者および出版者の権利の侵害となりますので、これらの行為をする場合には、あらかじめ小社また編集者宛に承諾を求めてください。